ALÉM DA SOBREVIVÊNCIA

TUDO O QUE VOCÊ AINDA PRECISA SABER SOBRE A CULTURA POP COREANA

K-P

BABI DEWET, ÉRICA IMENES, SOL PAIK

ALÉM ★ DA ★ SOBREVIVÊNCIA

TUDO O QUE VOCÊ AINDA PRECISA SABER SOBRE A CULTURA POP COREANA

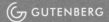

Copyright © 2019 Babi Dewet
Copyright © 2019 Érica Imenes
Copyright © 2019 Sol Paik
Copyright © 2019 Editora Gutenberg

Todos os direitos reservados pela Editora Gutenberg. Nenhuma parte desta publicação poderá ser reproduzida, seja por meios mecânicos, eletrônicos, seja via cópia xerográfica, sem autorização prévia da Editora.

EDITORA RESPONSÁVEL
Carol Christo

PREPARAÇÃO E REVISÃO
Bruna Emanuele Fernandes
Carol Christo
Cecília Martins

CAPA
Diogo Droschi

DIAGRAMAÇÃO
Larissa Carvalho Mazzoni

Dados Internacionais de Catalogação na Publicação (CIP)
Câmara Brasileira do Livro, SP, Brasil

Dewet, Babi
  K-Pop : além da sobrevivência : tudo o que você ainda precisa saber sobre a cultura pop coreana / Babi Dewet, Érica Imenes, Sol Paik. – 1. ed. – Belo Horizonte : Editora Gutenberg, 2019.

  ISBN 978-85-8235-587-9

  1. K-Pop (Música) 2. Literatura juvenil I. Imenes, Érica. II. Paik, Sol. III. Título.

19-28909   CDD-780

Índices para catálogo sistemático:
1. K-Pop : Música 780

Iolanda Rodrigues Biode - Bibliotecária - CRB-8/10014

A **GUTENBERG** É UMA EDITORA DO **GRUPO AUTÊNTICA**

São Paulo
Av. Paulista, 2.073, Conjunto Nacional, Horsa I
23º andar . Conj. 2310-2312
Cerqueira César . 01311-940 São Paulo . SP
Tel.: (55 11) 3034 4468

Belo Horizonte
Rua Carlos Turner, 420
Silveira . 31140-520
Belo Horizonte . MG
Tel.: (55 31) 3465 4500

www.editoragutenberg.com.br

"Não importa quem você é,
de onde você veio, a cor da sua
pele ou sua identidade de gênero.
Apenas fale a sua verdade."
Kim Namjoon (RM), BTS

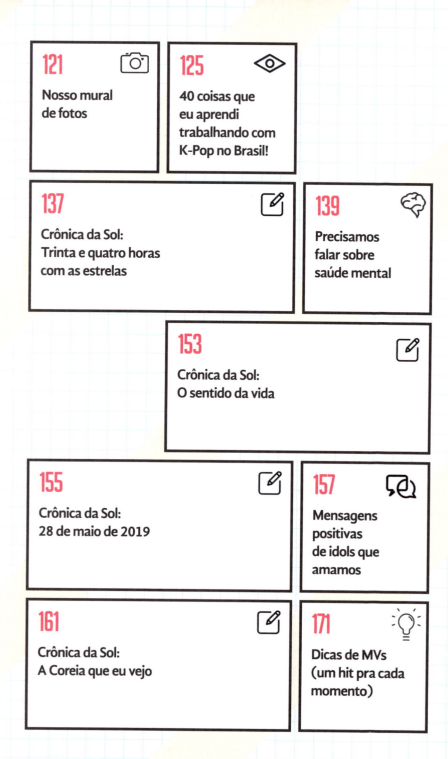

121 Nosso mural de fotos

125 40 coisas que eu aprendi trabalhando com K-Pop no Brasil!

137 Crônica da Sol: Trinta e quatro horas com as estrelas

139 Precisamos falar sobre saúde mental

153 Crônica da Sol: O sentido da vida

155 Crônica da Sol: 28 de maio de 2019

157 Mensagens positivas de idols que amamos

161 Crônica da Sol: A Coreia que eu vejo

171 Dicas de MVs (um hit pra cada momento)

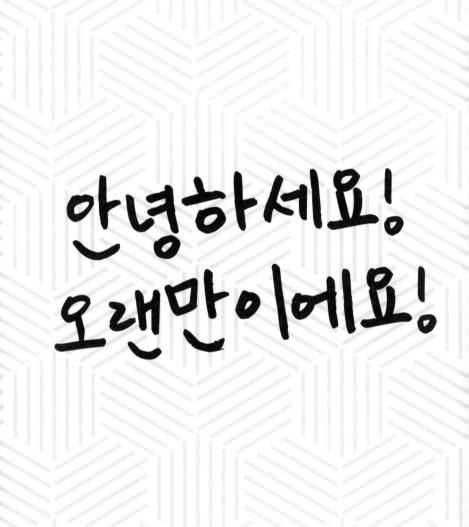

ANNYEONGHASEYO! ORENMANIEYO!

(UMA APRESENTAÇÃO DAS AUTORAS)

An-nyeong-ha-se-yo
안녕하세요
O-ren-man-ieyo
오랜만이에요

É isso mesmo que você leu (ou tentou ler)! Acabamos de falar "Olá! Há quanto tempo!", que é a forma comum dos coreanos nativos se cumprimentarem quando não se veem habitualmente. No nosso caso, já são dois anos desde que *K-Pop: manual de sobrevivência* chegou à sua estante para dividir a atenção com os álbuns holográficos de K-Pop (aliás, o livro brilha também!), ou mesmo só pra satisfazer sua curiosidade sobre o fenômeno do Pop sul-coreano, sem nenhuma pretensão (mas depois conta pra gente se conseguiu fugir do buraco negro que te suga e faz você se apaixonar depois de assistir a uns três clipes!). Mas o manual era "só" uma porta de entrada pra esse universo vasto e em constante mutação que é o entretenimento (e toda a onda cultural) da Coreia do Sul.

O subtítulo deste livro, *além da sobrevivência*, não foi escolhido ao acaso – apesar de ter sido pensado durante um jantar de amigas em um de nossos restaurantes de comida coreana favoritos, o Portal da Coreia, depois de uma segunda garrafa de Soju (a bebida alcoólica típica sul-coreana).

Ele significa que, aqui, nós queremos ir além. Além de um "apanhadão" sobre o país de origem do K-Pop, além da linha do tempo da criação da Onda Hallyu (continue lendo que a gente volta nesse papo já, já!), além da fábrica de idols – enfim, muito além do básico.

Este livro, além do mais, tem um significado mais pessoal que o primeiro. Se na obra que abriu esta série colocamos toda a nossa experiência como integrantes do SarangInGayo – que foi o primeiro portal em língua portuguesa sobre cultura sul-coreana e, por quase uma década, também o maior – e repaginamos antigas crônicas e entrevistas, agora tivemos que organizar os temas com mais carinho, entendendo que a nossa trajetória dentro do K-Pop já mudou muito. Nesses últimos dois anos, vivemos novas experiências como produtoras de conteúdo e de eventos e estudamos o fenômeno da Hallyu num momento em que as pessoas passaram a consumir tendências de maneira completamente diferente, tanto no mundo virtual quanto fora dele.

Além da sobrevivência também tem uma conotação muito íntima pra nós. Sempre falamos sobre como o K-Pop salvou nossas vidas, no sentido literal mesmo, dando um norte para que voltássemos a ter vontade de ir em busca dos nossos sonhos. Este livro é um tributo aos que não estão mais aqui fazendo o mesmo: idols que inspiraram milhares de pessoas, mas que sucumbiram à pressão de um mundo que julga demais e compreende de menos. Se falamos sobre algo que a cada dia atrai mais jovens, e que vai além de uma simples playlist para ouvir ou dançar, precisamos falar também sobre como cuidar da saúde mental dessa galera (inclusive a nossa). O #LIVROK-POP2 é uma verdadeira jornada de autoconhecimento, escondida nas entrelinhas de pesquisas, dados, experiências pessoais e notícias. Aqui, vamos falar do clássico, do tradicional, do tabu, do social, do necessário, e não do K-Pop simplesmente como um gênero musical que amamos.

É neste livro, também, que nos despedimos da Naty Pak, que tem toda a nossa gratidão pelos anos de trabalho no SIG e pelas boas lembranças juntas. Mas a gente (Babi e a Érica) continua! Você também pode ouvir nós duas falando semanalmente no podcast #KPAPO, disponível no Spotify, ou cobrindo eventos para os nossos canais no YouTube e em outras mídias.

Aqui, por sua vez, será apresentado o trabalho de um novo rosto para os nossos leitores – e sim, ela parece uma idol! Deem as boas-vindas a Sol Paik! Filha de coreanos, Sol passou grande parte da infância no Chile e metade da vida no Brasil, mas, atualmente, reside na Coreia do Sul (UFA!).

Além da sobrevivência nos trouxe, também, o desafio de escrever um livro em dois continentes, países e fusos-horários completamente diferentes. Por isso, apreciamos toda a atenção dedicada aos temas que resolvemos abordar neste segundo livro. Todos prontos pra surfar nesta onda com a gente?

DICIONÁRIO DE EXPRESSÕES E PALAVRAS ÚTEIS

(SÉRIO, VOCÊ VAI PRECISAR, DE NOVO!)

Use este dicionário sem moderação. Ele traz palavras e expressões que usamos ao longo do livro, e algumas que você provavelmente vai ouvir/ler quando estiver lidando com situações em que o K-Pop, a cultura coreana e seus fãs estejam envolvidos.

A
Aegyo [coreano] – Agir de forma fofa.
Aigoo [coreano] – É uma espécie de lamentação, tipo "Ai, ai!" ou um suspiro.
Annyong ou Annyeonghaseyo [coreano] – Significa "Olá!" (linguagem formal).
All-Kill [coreano] – Ficar no topo de todas as paradas musicais coreanas.
Arassó (yo) [coreano] – Significa "Ok, eu entendi". Na linguagem formal, usa-se *Alguessumnida*.

B
Bias [inglês] – O integrante preferido do grupo que você curte.
Black Ocean [inglês] – Quando o público desliga os lightsticks e dá "um gelo" no artista.

C
CF [inglês] – Commercial Film – propaganda de TV.
Charts [inglês] – Paradas musicais/rankings de música.
Chingu/Tchingu [coreano] – Significa "amigo".
Comeback [inglês] – Significa "retorno". Os artistas coreanos promovem suas músicas de trabalho durante um curto (porém

intenso) período de tempo antes de dar uma parada para trabalhar no próximo álbum. Quando eles lançam esse novo trabalho e retornam aos palcos, chamamos de *comeback*.

D **Daebak [coreano]** – Expressa algo inacreditável ou impressionante.
Daebak Naseyo [coreano] – É a forma usada pelos coreanos para desejar sucesso a outras pessoas, a novos projetos ou a novas conquistas. Geralmente, quando um artista lança um álbum, deseja-se *Daebak Naseyo* para que tenha sucesso.
Debut [francês] – "Estreia".
Daehan Minguk [coreano] – É o nome da República da Coreia (Coreia do Sul) em coreano.
Drama/Dorama [japonês/coreano] – É a novela coreana. O termo *dorama* é mais usado pelos japoneses, e sua pronúncia aproximada em coreano seria algo como "durama". No entanto, prefere-se a palavra *drama*.

F **Fancafe [inglês]** – Comunidade ou fórum coreano que cada idol possui e usa para manter contato com seus fãs por meio de mensagens, anúncios oficiais, fotos e vídeos exclusivos, além de oferecer outros benefícios para os integrantes dos fã-clubes oficiais.
Fancam [inglês] – Gíria usada para os vídeos gravados por fãs em apresentações ao vivo e em shows.
Fanservice [inglês] – Quando os idols falam ou fazem algo para agradar seus fãs.
Fighting/Hwaiting [inglês/coreano] – Expressões que os coreanos usam para incentivar. É como se fosse um "VAI LÁ, CARA! ARREBENTA!" ou "FORÇA!".
Flop [inglês] – "Fiasco", "fracasso". Ou seja: quando o grupo não faz sucesso.

G **Gayo [coreano]** – Música coreana.

H **Hanbok [coreano]** – Vestimenta ancestral coreana, atualmente muito usada em cerimônias e eventos mais tradicionais, como o Chuseok (o dia de "Ação de Graças" da Coreia).
Hangul/Hangeul [coreano] – Alfabeto e/ou língua coreana. Significa, literalmente, "coreano".
Himnae (yo) [coreano] – Expressão usada para desejar força e energia quando uma pessoa está cansada.
Hoobae [coreano] – Calouro ou pessoa que é iniciante em algum ramo ou área.
Hyung [coreano] – Palavra usada por meninos para chamar seus irmãos de sangue e amigos próximos mais velhos.

I **Idol [inglês]** – "Ídolo". Modo como os artistas são chamados.

J **JJANG [coreano]** – Palavra que expressa algo muito legal e divertido.

K **KEKEKE e HUHUHU** – São as risadas em coreano, uma romanização dos caracteres ㅋㅋㅋ. É o equivalente às risadas brasileiras de internet – KKKKK ou HAHAHA.

L **Lightstick [inglês]** – Lanternas, em formatos variados, usadas pelos fãs para demonstrar apoio durante apresentações e shows.

M **Mianhae(yo) [coreano]** – "Desculpa". Termo mais utilizado entre amigos e pessoas próximas ou entre os mais jovens. Entre os mais velhos, é empregado o termo formal *Jesong Hamnida*.
MV [inglês] – Sigla para "music video" ou "videoclipe".

N **Ne [coreano]** – É utilizado para concordar com algo, ou no lugar do "sim" ao afirmar, ou para responder a pedidos dos mais velhos.
Netizen [coreano] – Internautas coreanos.

Nuna [coreano] – Termo usado por garotos para chamar suas irmãs de sangue, suas amigas próximas mais velhas ou até mesmo suas namoradas.

O

Omma [coreano] – Significa "mãe".
Ommo [coreano] – Significa "Ai, meu Deus!", vulgo "Eita!".
Onni/Unnie [coreano] – Termo usado por garotas para chamar suas irmãs de sangue ou amigas próximas mais velhas.
Oppa [coreano] – Palavra usada por meninas para chamar seus irmãos de sangue, seus amigos próximos mais velhos ou namorados. Muitas fãs consideram seus idols como seus *oppas* (no sentido de "boy magia" mesmo).
Otoke/Otokaji [coreano] – Significa "O que fazer?" ou "E agora?".
OTP [inglês] – *One True Pair*. A sigla significa "um par verdadeiro". Ou seja: quando você shippa dois idols.

P

Pre-debut [inglês/francês] – Época anterior à estreia de um grupo ou artista.
Rookie [inglês] – "Novato". Ou seja: grupo que acabou de debutar.

S

Saranghae(yo) [coreano] – "Eu te amo".
Sasaeng [coreano] – Palavra usada para se referir a "fãs" que perseguem seus idols 24 horas por dia e fazem de tudo para serem reconhecidas.
Selca [coreano] – Gíria para "selfie".
Seonbae [coreano] – "Veterano", a pessoa mais experiente em algum ramo ou área.
Shippar [inglês] – A gíria original é "ship" ou "shipping" e denomina o ato de torcer pela formação de um casal fictício

que os fãs querem ver entre idols do mesmo grupo ou de grupos diferentes.
Skinship [inglês] – Expressão usada quando as pessoas são próximas fisicamente e têm intimidade. Abraços, beijos no rosto, pegar na mão, tudo isso é skinship.
Stan [inglês] – Expressão para descrever os fãs mais ávidos por algum artista.

Trainee [inglês] – A tradução literal pode ser "estagiário". No K-Pop, são os aspirantes a idol em fase de treinamento nas agências.
TT [coreano] – Romanização dos caracteres ㅠㅠ. Representa uma carinha de tristeza.

Ultimate Bias [inglês/coreano] – O idol favorito dos favoritos. Também chamado de *utt*.

Wae(yo) [coreano] – Por que/por quê.

A INFLUÊNCIA DA HALLYU

(O RESUMO DO RESUMO)

> Se você quer entender todo o papo sobre a Onda Hallyu de um jeito mais introdutório, aconselhamos dar uma passada no capítulo "Coreia do Sul: o resumão mais legal que você respeita", que fala sobre a Coreia do Sul como a sociedade que deu origem a essa onda, nas páginas 17 a 22 do livro *K-Pop: manual de sobrevivência*, que antecede esta leitura!

O FENÔMENO DA NEO-HALLYU

Desde o começo dos anos 2000, com o surpreendente sucesso de dramas coreanos em outros países da Ásia, estudiosos da Coreia do Sul começaram a querer entender o apelo da cultura pop de seu país em outras regiões do mundo. Essa fase inicial da Hallyu – ou a Hallyu 1.0 – é tida como algo muito local, que atingia diretamente (e principalmente) a parcela mais jovem da sociedade sul-coreana e de países vizinhos do mesmo continente. Falamos sobre isso quando mencionamos o termo *asianização* no *Manual de sobrevivência* (p. 21). Essa asianização representa um novo fluxo de produtos culturais dentro da região do Leste Asiático e traduz o crescimento do tráfego cultural asiático, que surgiu nos anos 1990 e vem crescendo desde então.

Paralelamente à proporção que a exportação da Hallyu e do K-Pop tomou na primeira década dos anos 2000, o governo sul-coreano centralizou na KOFICE (sigla para Korea Foundation for International Cultural Exchange – ou, em tradução literal pro português, Fundação Coreana para Intercâmbio Cultural) o trabalho de fazer a Hallyu acontecer e se espalhar, não mais como uma onda, mas como um verdadeiro tsunami.

COMO NASCEU O TERMO *HALLYU*?
O termo *hallyu* foi veiculado pela primeira vez pela mídia chinesa em 1998, para descrever a "histeria" dos jovens chineses pelos produtos da cultura pop sul-coreana. *Hanliu*, romanizado do chinês *hanliu* (韓流), significa "onda cultural coreana", algo como uma corrente. Os chineses também usam outra palavra para definir o fanatismo pela cultura do K-Pop na China: *hanmi* (韓迷). A palavra "mania" é usada para traduzir o termo *mi* (迷), então *hanmi* se entende como "mania do K-Pop", no sentido literal da palavra, que significa "entusiasmo excessivo".

Além de órgãos governamentais como a KOFICE, o aumento do interesse da própria Coreia do Sul em expandir e "legitimar" a Hallyu, como forma de estabelecer o país como uma potência para além das indústrias tecnológica e automobilística, refletiu-se até no mundo acadêmico: o governo sul-coreano também investiu pesado em pesquisas e financiamentos para diversas universidades e institutos, com o objetivo único de entender o fenômeno da Hallyu e "vender o próprio peixe" para o mundo. Os números de novos departamentos estudantis que tratam de cultura e conteúdo, indústria cultural e conteúdo digital e outros assuntos quase dobraram entre 2006 e 2010, de acordo com as mais recentes publicações sobre o tema. Isso significa que existe um treinamento formal de profissionais que estudam estratégias de mercado e atuam no backstage da criação de conteúdo e desenvolvimento de produtos da Hallyu ou que têm a função de explicar o fenômeno da onda coreana para o mundo. O assunto é tão vasto que também saiu do nicho cultural para invadir os estudos nas áreas de negócios, economia, tecnologia e até turismo.

Rola uma discussão entre os estudiosos do assunto sobre como a Hallyu deveria ser classificada. No início da neo-Hallyu (2012/2013), eles pensavam que, se houvesse uma intervenção do governo no assunto, a Hallyu deixaria de ser considerada uma "tendência cultural" para ser considerada uma "formação cultural". Ou seja: eles enxergavam a onda coreana como um projeto de crescimento do Estado, e não como uma moda passageira, que faz sucesso momentâneo e logo é substituída por outra. Sob esse raciocínio, a Hallyu (e todo o fenômeno por trás dela) é realmente um oponente de peso à dominação do mercado midiático do Ocidente, com suas produções hollywoodianas e o Pop norte-americano, por exemplo.

Essa galera toda que surgiu no começo dos anos 2000 para estudar na Coreia do Sul foi logo nomeada "culturalista", e parte esmagadora das pesquisas sobre o assunto é datada até o ano 2013. Isso rolou porque, até aquele ano, parecia que tudo o que tinha de ser estudado sobre a Hallyu já havia sido feito, e a onda coreana estava morrendo (ATÁ, MORES). Imagina a surpresa dessa galera ao testemunhar o nascimento da neo-Hallyu (ou, para alguns, a 3ª geração do K-Pop) em uma nova era digital, com formatos infinitos de conteúdo a serem explorados nas redes sociais!

As agências de entretenimento começaram a entender que não estavam mais amarradas aos caminhos formais de divulgação dos seus artistas, uma vez que o YouTube ganhou espaço entre as formas de consumo de entretenimento e era compartilhado loucamente em redes como Facebook, Twitter e Tumblr. *Viralização que chama, né?*

VOCÊ SABIA?

O Ministério de Cultura, Esportes e Turismo da Coreia do Sul concedeu a PSY um Mérito de 4ª Classe de Ordem Cultural (tipo uma medalha de honra) por "aumentar o interesse do mundo na Coreia do Sul". Na época, o governo sul-coreano anunciou que "Gangnam Style" trouxe um total de 13,4 milhões de dólares ao setor de áudio da Coreia do Sul apenas no segundo semestre de 2012.

Grupo GOT7, da JYP, um dos fenômenos da neo-Hallyu.

TROCO LIKES POR HITS (O CONSUMO DE K-POP PELO MUNDO)

Já que o papo é viralização, desde o frenesi criado por "Gangnam Style" do rapper PSY (sim, já falamos que ele é rapper!), quebrando contabilizadores de visualizações do clipe, outros artistas e agências de entretenimento voltaram suas estratégias de marketing para o modo on e deixaram o off como algo meramente complementar.

PARA RELEMBRAR:

Chamamos de *idols* os artistas que são treinados pelas empresas de entretenimento e moldados em um grupo com visão comercial e mercadológica para a indústria musical, pela qual eles, normalmente, devem se encaixar em padrões de beleza e estereótipos da sociedade coreana e precisam seguir certas atitudes e regras, muitas vezes, prescritas em contratos. Rappers e artistas independentes, normalmente, não se encaixam na denominação de *idols* e, portanto, são considerados apenas artistas – muitas vezes por produzirem e criarem seus próprios conteúdos, sem a interferência direta de uma empresa, por exemplo. Idols são artistas também – há muitos que escrevem letras para o próprio grupo, fazem as próprias mixtapes, produzem músicas para a empresa em que trabalham e para outros idols, criam coreografias. Entre esses, temos nomes como G-Dragon do Big Bang, Jinyoung do B1A4, Chanyeol do EXO, Suga do BTS, entre muitos outros! Mas geralmente os artistas não são considerados idols. Dá pra entender essa lógica?

Premiações da MTV norte-americana e da europeia, por exemplo, foram forçadas a abrir suas portas para artistas de K-Pop, que passaram a andar pelo tapete vermelho atraindo olhares esquisitos do público mainstream, que mesmo hoje não está acostumado a ver representantes da Ásia dominando o rolê. É o que acontece quando são estabelecidas categorias especiais a serem decididas por meio de votos populares (a de "Melhor Artista Social", por exemplo). Um fandom, que se formou nas profundezas da internet e não conhece limites no que diz respeito a carregar seus idols nos ombros até o estrelato, se une para elegê-los. Isso aconteceu com o BIGBANG, o EXO, o Girl's Generation (só pra citar alguns) e, claro, com o atual dono da empresa internet: o BTS.

Nossa autora Sol Paik com o BTS, em 2014, no Brasil, num show em que ela foi intérprete, e a Babi Dewet, apresentadora!

Falar da era digital na neo-Hallyu e não falar da relevância atual do BTS é deixar de reconhecer o poder que esses sete garotos têm dado para o K-Pop desde a sua estreia, em 2013, e sua ascensão global, em 2018. É como se o grupo fosse um fenômeno à parte (ou seria complementar?) do fenômeno Hallyu. Só em 2018, o BTS estrelou quatro dos top 20 momentos virais do ano para marcas – publicado pelo Brandwatch, uma plataforma de serviços de marketing digital e pesquisa de mercado. Se você acha que BTS é "só" um mix de talento natural, incansáveis horas de ensaios, rostinhos bonitos, looks impecáveis e senso artístico, saiba que seus integrantes são tudo isso e ainda contam com o apoio de um verdadeiro exército autossuficiente, que consome o trabalho deles e produz conteúdo em engajamento com o fandom de ARMYs com a mesma potência de grandes influenciadores digitais. Enquanto o Score (uma escala de 0 a 100 que mede o poder de influência e engajamento on-line de uma marca ou influencer) do BTS no Twitter é de 92 pontos no Brandwatch, sua maior fanaccount, o @BTS_ARMY, chega à impressionante marca de 89 pontos, apenas três atrás da conta dos idols, com quase quatro milhões de seguidores. Com tanto poder em uma sigla, não é à toa que o BTS foi a primeira banda representante do K-Pop a ter espaço de fala em uma assembleia da ONU, para o lançamento de uma campanha da UNICEF em prol da juventude.

A INFLUÊNCIA DAS REDES SOCIAIS NO K-POP

O K-POP VERSUS A INTERNET

É muito difícil comparar os atos de K-Pop atuais com os mais antigos, e é MUITO importante a gente pontuar isso. O consumo de conteúdo de entretenimento, musical, artístico etc. – não só do K-Pop – é completamente diferente em uma era dominada pelo modo on, sendo muito mais fácil do que quando tudo girava em torno de obras físicas, com uma divulgação "clássica", mais engessada no off.

A explicação para isso é simples: enquanto hoje temos acesso muito mais fácil à internet, diversas redes sociais, grupos de bate-papo nos celulares e aplicativos de mensagens, formas de divulgação mais rápidas e eficazes, premiações coreanas e internacionais contabilizando votos on-line e streams (vamos falar disso um pouco mais pra frente!), há alguns anos nada disso era uma realidade. Os artistas de hoje já surgem com a possibilidade de fazer uso dessas ferramentas de uma forma muito mais ampla – mas isso também não quer dizer que seja mais fácil se firmar no mercado, já que hoje o número de grupos de K-Pop iniciando a carreira é muito maior do que há cinco anos, por exemplo. Porém, sim, no que diz respeito à internet (e ao uso dela como uma vitrine do trabalho), não temos como negar a potencialização do meio digital nem comparar a realidade dos artistas da neo-Hallyu com a de artistas e idols das gerações anteriores.

arquivo da autora

Imagine o seguinte cenário: o grupo H.O.T., o primeiro a fundar o ideal atual de idols de K-Pop, debutou em 1996 pela SM Entertainment. Se você ainda não era nascido nessa época, te digo, a internet não era nada em comparação com o que temos hoje. Antes não existiam streams de áudio como o Spotify e o Deezer, e o YouTube só foi criado em 2005; nem todo mundo tinha celular, e o que chegava pro mundo era o que passava na TV ou nas rádios, o que era, na real, MUITO limitado e até elitizado. Se você quisesse ouvir uma música, era necessário comprar o álbum físico – em formato de fita cassete ou CD, já que o primeiro dispositivo de áudio digital em mp3 só foi criado pela empresa sul-coreana SaeHan Information Systems em 1997. Não era nada fácil ser fã nessa época, acredite. E, mesmo assim, o primeiro álbum do H.O.T., chamado We Hate All Kinds of Violence, lançado em 1996, foi um sucesso, atingindo a marca de mais de 1,5 milhão de cópias vendidas.

Para ajudar você a visualizar melhor a diferença de eras e formas de consumo: álbuns como o 1X1=1 (To Be One) do Wanna One, lançado em 2017, o XOXO do EXO, lançado em 2013, e o Love Yourself: Her do BTS, lançado em 2017, também tiveram número de vendas próximo a 1,5 milhão de cópias (pelo menos até a composição deste texto!), já como parte da neo-Hallyu e inseridos em um contexto muito diferente, em que álbuns podem ser comprados on-line, por exemplo. Esses são casos à parte, e não a regra no K-Pop, já que poucos grupos da primeira ou da segunda geração chegaram a alcançar esses números.

> Fato curioso é que o H.O.T,. em 1996, basicamente já tinha o estilo, que é muito comum atualmente, de idols rebeldes que falam sobre política e sociedade nas músicas com uma pegada mais Hip-Hop! O primeiro single dos caras, "Warrior's Descendants" ("descendentes de guerreiros", em tradução livre), faz uma crítica ao bullying nas escolas e ao fato de os adultos ignorarem o que acontecia.

Hoje, a internet permite que grupos novos fiquem famosos de forma mais rápida e sejam reconhecidos internacionalmente em questão de minutos. Inclusive, podemos assistir a showcases de debut e a streams de álbuns novos junto com os fãs coreanos, o que era impensável na época das primeiras gerações do K-Pop. A gente não fica atrás em quase nada em comparação aos fãs de lá – exceto nos quesitos, claro, da proximidade com os artistas, acesso a shows locais e aos álbuns físicos a valores mais baixos, né (T_T *cries in Brazilian K-Popper language*).

> Enquanto escrevo este texto, eu, Babi, estou aguardando, junto com os fãs da Coreia, o lançamento oficial do MV de debut solo do Baekhyun (do EXO). São quase 5 horas da manhã aqui no Brasil, mas a internet possibilita esse tipo de integração e unificação de fandoms internacionais!

Nos anos 1990, muitos artistas de K-Pop conseguiram sair da Ásia e se aventurar em um mercado diferente: o ocidental. Mas, claro, deve-se levar em conta que o momento do público era diferente. Como já foi dito aqui, com as redes sociais, essa divulgação, hoje, é muito mais fácil e rápida do que na época, quando se dependia de uma curadoria de TV e programas musicais, por exemplo. Inclusive, em 1998, o MV da música "We Are The Future", do H.O.T, ganhou o prêmio de Melhor Vídeo Internacional pela MTV norte-americana – embora raramente nos lembramos disso quando falamos de vitórias do K-Pop pelo mundo. Na época, foi algo inusitado: um grupo asiático (e que não era J-Rock!) estava sendo comentado na TV norte-americana, e isso foi muito importante naquele momento – mas, infelizmente, por muito tempo ficou só nisso. Foi apenas algo diferente acontecendo, uma inclusão quase que obrigatória de música estrangeira. Mas hoje, os fãs estão on-line basicamente 24/7 lutando por seus grupos favoritos, o que faz, por exemplo, com que o BTS ganhe praticamente todas as premiações internacionais em que a votação fica nas mãos do público. E isso só é possível porque vivemos em um mundo globalizado, com redes sociais com atualização expressiva e divulgação simultânea para todo o mundo.

Tendo em vista todos esses aspectos, comparar o BTS com o H.O.T. é impossível; seria injusto. Ambos surgiram em momentos totalmente diferentes da sociedade, e o sucesso de cada um tem seu mérito no mercado.

> Aliás, comparar quaisquer grupos de K-Pop é uma perda de tempo. Cada grupo nasce com um conceito, um ideal, características, membros e formações diferentes; não importa tanto se são da mesma época ou se possuem estilos parecidos. Enquanto muitos fãs acabam criando fanwars tentando comparar um grupo com outro, os próprios idols estão se dando as mãos e lutando pela disseminação da cultura da Coreia do Sul e pelo mercado musical como um todo.

CRÔNICA DA BABI:
A PRIMEIRA VEZ DA MÔNICA NA COREIA

Eu, assim como muitos dos brasileiros das últimas gerações, cresci lendo os gibis da Turma da Mônica, criada pelo cartunista Mauricio de Sousa. Desde 1959, quando os personagens principais das historinhas eram o Bidu e o Franjinha, a turma já encantava jovens por todo o país, conquistando leitores e fãs que acompanhariam esses personagens por diversas fases de suas vidas e por sua evolução gráfica. É bem difícil, no Brasil, achar alguém que não conheça a Turma da Mônica ou que não tenha crescido junto com seus personagens de alguma forma! Ela é parte da cultura nacional, sendo reconhecida até mundialmente por isso.

Quando criança, eu queria ser a Mônica – embora meus gostos fossem bem mais parecidos com os da Magali: assim como ela, sempre fui apaixonada por melancia e por comida de modo geral. Mas eu gostava de liderar minha turminha de amigos, assim como a Mônica, e a gente vivia aventuras diversas, embora nenhuma delas envolvesse sair dos muros de casa ou do terreno baldio ao lado. Não estava exatamente no Bairro do Limoeiro, mas o bairro da minha infância se parecia com ele o suficiente pra gente se sentir dentro das histórias que líamos nos gibis – isso lá no começo dos anos 1990. Minha mãe, antes de nós, também tinha crescido lendo

Turma da Mônica. Agora era a nossa vez, e eu já achava os primeiros traços com que os personagens foram ilustrados um pouco diferentes demais pra mim – e até esquisitos!

À medida que eu ia crescendo, a Mônica também crescia. Anos depois, a Turma da Mônica Jovem surgiu, com novas HQs e uma nova fase da vida daquelas personagens. Todo mundo era adolescente e já rolava namoro, corações partidos, dramas adolescentes e tendências de moda passageiras. Essa nova fase encheu a turminha de possibilidades, e foi quando tive a oportunidade de ser a Mônica por um tempo, de viver na cabeça dela e criar uma história baseada na sua trajetória. E, claro, fiz a Mônica virar fã de K-Pop. Não perderia essa oportunidade.

Inclusive, quando a minha editora (oi, Carol Christo!) me ligou perguntando casualmente se eu toparia fazer parte da coletânea *Turma da Mônica Jovem: uma viagem inesperada*, fiquei paralisada por alguns segundos antes de conseguir responder. Tudo passou correndo pela minha cabeça: as brincadeiras, as amizades, as noites lendo os gibis, as minhas tentativas de desenhar o Bidu na escola e todos os aprendizados que tive com a turminha, inclusive o amor que eu sempre nutri por todo esse universo. Eu mal pude acreditar no que estava ouvindo! E ver hoje esse sonho realizado é algo extremamente emocionante pra mim!

As autoras Pam Gonçalves, Carol Christo, Melina Souza e Babi bem ao lado do Maurício de Souza, criador da Turma da Mônica, na Bienal do Livro de SP, em 2018.

No livro *Turma da Mônica Jovem: uma viagem inesperada*, as personagens Mônica, Magali, Marina e Denise partem em aventuras (DUH!) extraordinárias e acabam se divertindo em diversas partes do mundo. Cada autora – a Pam Gonçalves, a Melina Souza, a Carol Christo e eu – levou uma personagem para um lugar diferente. Eu, pensando em tudo o que já vivi com a Mônica e no que gosto, decidi enviá-la para a Coreia do Sul, para conhecer a cultura sul-coreana, tradicional e moderna, os pontos turísticos e, claro, para ir a um show de K-Pop – mais especificamente do BTS. E, sim, ela é fã do Jungkook!

Descrever a admiração e as primeiras impressões da Mônica sobre a indústria coreana, sobre o estilo musical K-Pop e o estilo de vida dos fãs não foi nada difícil – dessa parte eu sei muito bem, por experiência própria. Vivo na pele até hoje a felicidade de ver um clipe novo, de acompanhar um grupo que acabou de debutar, de assistir a um show, de passar madrugadas participando de votações e debates, de ficar brava com contratos e empresas de entretenimento e de conhecer ainda mais sobre a cultura coreana. Foi incrível poder descrever como ela se sentiu indo a um *norebang* (노래방), o karaokê coreano, como ela encarou o primeiro lámen apimentado, como foi usar um *hanbok* (as vestes tradicionais de lá) e como foi para a personagem assistir de perto a um show do BTS. A emoção de ver os garotos no palco, poder gritar com o fandom ARMY e se sentir parte daquilo tudo, de uma mesma família. Eu mesma tive a oportunidade de dividir o palco com o BTS em 2014 e de assistir aos shows deles aqui no Brasil em 2015, 2017 e 2019. Poder mostrar um pouquinho do meu amor através da Mônica foi incrível!

Mas preciso dizer que nunca imaginei como a minha ideia maluca de Mônica k-popper fosse transcender o livro e repercutir nos quadrinhos. Foi tão emocionante pra mim ler e acompanhar as ilustrações num gibi da Turma da Mônica Jovem, que mostra uma adolescente cheia de pôsteres do

BTS, dançando, cantando e transformando toda a minha fantasia de criança em algo real!

Eu, como vocês, também sou a Mônica. E isso agora está eternizado na linha do tempo da personagem, na sua história, para todo o sempre. É, ao mesmo tempo, mágico e assustador!

Nunca me esquecerei dessa sensação (e aqui fica meu agradecimento e amor aos roteiristas e ilustradores da Turma da Mônica Jovem, principalmente à Petra Leão, por darem continuidade a essa maluquice!), de ter parte de mim fazendo parte da Mônica e marcando a vida dela para sempre. De ter uma parte nossa – como fãs – sendo compartilhada com ela. Porque, no fim, todos nós fizemos essa história, eu e vocês. De, assim como neste livro e no anterior a ele, colocar um pouco de K-Pop e de toda a magia dele em páginas, nas livrarias e na vida de pessoas que acompanham a turminha desde sempre –, mesmo aquela galera lá dos anos 1960 que fica confusa com a invasão coreana pelo mundo (e tá tudo bem, nós também ficamos, às vezes!). De mudar o rumo da vida de uma personagem com algo que tem feito tão bem a todos nós – e tem salvado as nossas vidas todos os dias.

A Éri tá na foto porque ela foi mediadora do bate-papo das meninas com o Maurício, na mesma Bienal!

Selfie da Babi com o "pai" da Mônica.

CULTURA É COM K: A COREIA ALÉM DO K-POP

A MÚSICA TRADICIONAL COREANA

Você provavelmente já sabe que K-Pop é a música pop da Coreia do Sul. Mas popular mesmo, de tocar em rádio e ter divulgação em massa pela juventude, não no sentido tradicional da palavra. No primeiro livro desta série, explicamos como a música moderna coreana, jovem e popular, teve início lá nos anos 1990, com o surgimento do grupo Seo Taiji and Boys, e se popularizou como K-Pop com a boyband H.O.T., em 1996 – o grupo formado pela SM Entertainment trouxe ao mercado o que conhecemos hoje como idols e como o universo de fandoms, com lightsticks, fanchants e goodies (os "itens" de merchandising).

Essas e algumas das palavras e expressões tão comuns ao fandom do K-Pop são do inglês. Para facilitar, vamos explicá-las aqui, com sua tradução literal:

LIGHTSTICKS: "Palitos de luz" que os fãs usam para mostrar apoio ao artista, enquanto estão na plateia de alguma performance ao vivo. Apesar do nome, cada grupo, dupla ou solista de K-Pop pode ter um design próprio que foge totalmente de algo simples como um "palito": flores, corações, martelinhos, e até lightsticks com tecnologia bluetooth, que se conectam com a mesa de luz e som do grupo durante o show e piscam de acordo com o ritmo e o conceito de cada música!

Lightstick do grupo SF9, com a Babi no show deles em Nova York, em 2019.

Lightstick do grupo UKISS.

FANCHANTS: O "canto dos fãs". São trechos de apoio que os fandoms criam em cima de músicas do artista ou grupo, seguindo o ritmo e em momentos em que não existe letra na música original. Geralmente, os fanchants incluem a "chamada" dos nomes de registro de cada integrante – e não de seus nomes artísticos –, alguma frase que remeta ou complete o nome da música e, no fim, o nome do grupo. É tipo um grito de líderes de torcida, mas durante uma música!

GOODIES: "Itens", no literal, são as peças de merchandising. Ou seja: tudo o que for vendido com a cara, o logotipo e o nome dos idols é um goodie. Desde camisetas, pôsteres, mochilas, canecas, lightsticks, ENFIM. A lista de goodies é interminável, e fica a critério das agências detentoras dos direitos de imagem de cada grupo de K-Pop.

Mas, para que a gente reconheça a história da música moderna e possa traçar sua trajetória e evolução, inclusive internacionalmente, precisamos entender a música tradicional da Coreia, que ainda é muito popular entre jovens e adultos por lá – isso porque o próprio governo possui projetos de incentivo à memória e à história do país, o que fez e faz sua cultura ser uma forma rentável de exportação e divulgação do turismo, por exemplo.

A Coreia do Sul tem uma história musical muito rica, com uma musicalidade característica e instrumentos diversificados –, diferentemente do popularizado no Ocidente – e que podem até soar estranhos aos nossos ouvidos desacostumados. São sons diferentes do que as nossas próprias canções tradicionais sempre nos mostraram, e é aí que mora a beleza dessa troca cultural. E tudo vem lá de trás, do período dos Três Reinos (Goguryeo, Baekje e Silla), de 57 a.C a 668 d.C, quando a península sul-coreana ainda era dividida, assim como parte da Manchúria, localizada em porções das atuais China e Rússia. Entre muitas guerras, batalhas e dominações, a Coreia, quando unificada muitos anos depois, acabou tendo bastante influência cultural da China e de diversos outros países, já que está estrategicamente posicionada no caminho de muitas embarcações estrangeiras que passavam do Sul para o Norte – embora a língua coreana tenha seguido um outro caminho. O *hangul* (o alfabeto coreano) foi formalizado em 1446 com o nome de *hunminjeonggeum*, sendo uma língua totalmente nova criada pelo Grande Rei Sejong, da Dinastia Joseon, para que o povo se unisse e todos pudessem ler e escrever, já que o chinês era a língua universal entre os Reinos, e, por ser considerada nobre, nem as pessoas mais simples nem as mulheres podiam aprendê-lo. O nome *hangul* (ou *hangeul*) só foi criado no século XX.

> **VOCÊ SABIA?**
>
> O *hangul*, registrado como Memória do Mundo pela UNESCO, é uma língua considerada bastante simples, da qual foram criadas primeiras as bases vogais e consoantes e, depois, os derivados. A sua fácil aprendizagem e suas representações simplistas, com formatos que lembram e representam quase que literalmente formas humanas ou como a boca se movimenta ao falar, tornou a Coreia do Sul um dos países com uma das menores taxas de analfabetismo em todo o mundo.

Mas, ainda assim, a influência cultural da China interferiu na música tradicional da Coreia na época dos Três Reinos, com a criação de instrumentos clássicos como o *gayageum*. De acordo com o *Samguk Sagi* (삼국사기) (em tradução livre, "a história dos Três Reinos"), o *Gayageum* (가야금) foi inventado pelo Rei Gasil, de Gaya, inspirado na versão chinesa do instrumento e popularizado durante o reinado do Rei Jinheung na Dinastia Silla (57 a.C a 935 d.C), embora diga-se que também teve inspiração e influência de outros instrumentos asiáticos populares na época, como o japonês *koto*, o mongol *yatga* e o vietnamita *dàn tranh*. Como a troca entre os Reinos era inevitável para a sua expansão e conquistas territoriais, tudo acabou sendo influência para que a Coreia criasse seu próprio estilo musical, e essa mistura é uma característica marcante na sua música tradicional até hoje.

Na Dinastia Joseon (1392 a 1910), a expressão artística musical estava voltada para a música da corte (a *Aak*), que era tocada durante cerimônias e nos tribunais e continha mensagens e cartas em homenagem ao rei. Já no fim dessa dinastia, o interesse pela música folclórica cresceu entre os plebeus, já que a evolução do comércio e da indústria fez o poder popular aumentar e a cultura popular se desenvolver cada vez mais.

A música não era mais somente direcionada aos nobres e, agora, se estendia à população em geral, como uma dominação do proletariado (PODER PARA O POVO!).

Essa cultura popular deu origem à ópera *pansori*, por exemplo, que também se iniciou na nobreza – e é apresentada por um vocalista (o *sorikkun*) e um percussionista (o *gosu*, que toca um *buk*). A performance básica consiste em cinco elementos: *jo* (melodia), *jangdam* (ritmo), *buchimsae* (combinação de história com música), *je* (a escola *pansori*) e produção vocal, na qual os artistas usam a roupagem tradicional coreana, o *hanbok*, até hoje. O nome *pansori* é derivado de *pan* (판, "lugar onde muitas pessoas se reúnem") e *sori* (소리, "som"), e a contação de histórias por meio da música podia durar entre três e seis horas, tendo se tornado uma celebração popular teatral que, no século XIX, alcançou sua época de maior sucesso. Hoje, a *pansori* é considerada uma Obra-Prima do Patrimônio Oral e Imaterial da Humanidade pela UNESCO, sendo preservada através de incentivos governamentais.

O FAMOSO ARIRANG

O canto folclórico e popular denominado "Arirang" também é fruto dessa expansão coletiva da arte e da cultura promovida pelas dinastias coreanas e transmitida de geração a geração, sendo marcador cultural da Coreia do Sul até hoje – e, também, Patrimônio Cultural Imaterial da Humanidade pela UNESCO. Talvez você já o tenha ouvido de alguma forma se acompanha a cultura sul-coreana ou se já foi a algum evento multicultural em que a Coreia do Sul tivesse alguma atração. É popularmente considerado um hino não oficial da Coreia do Sul por ter uma melodia fácil para que qualquer um consiga cantar pelo menos parte dela.

Os estudiosos dizem existir milhares de variações de "Arirang" contendo o refrão "*Arirang, arirang, arariyo*" e, pelo menos, outros dois versos que diferem de uma região para outra outra, sendo essas poderosas formas de expressão da criatividade popular, uma vez que diversas histórias podem ser adicionadas à canção original sem que ela perca sua essência. Ou seja, qualquer cidadão coreano pode fazer sua própria versão de "Arirang", mantendo suas características originais e incluindo sua própria história, como uma grande corrente cultural. Inclusive, o BTS e a solista IU já gravaram versões do canto, e a gente aconselha você a ouvir e apreciar, caso tenha curiosidade!

Procure a versão da música "Arirang Alone", da cantora Sohyang, performance feita com orquestra e vocais no programa *Immortal Song 2*, em 2015. Na nossa opinião, essa é uma das versões atuais mais bonitas, e é bom se preparar para ficar emocionado!

Uma das versões mais famosas e mais cantadas de "Arirang" fala sobre as dificuldades de se atravessar uma montanha que tem esse nome (como é narrado na letra original), e foi replicada por muitos artistas ao longo dos anos. A letra pode representar uma caminhada de um país inteiro enfrentando dificuldades, bem como ser interpretada como a história de amor de alguém que deixou sua amada para atravessar a montanha, machucando-se logo depois. É muito comum também o uso do "Arirang" como cantiga de ninar infantil – uma das formas pelas quais a música folclórica foi e continua sendo transmitida pelas gerações! De acordo com o professor Keith Howard, no livro *Perspectives on Korean Music: Creating Korean Music – Tradition, Innovation and the Discourse of Identity*, a música foi originada nas regiões montanhosas de Jeongseon, e a primeira menção a ela foi encontrada em um manuscrito em 1756.

A lenda, no entanto, diz que o nome é derivado de uma história sobre um solteirão e uma criada que se apaixonam enquanto colhem camélias próximo ao cais de Auraji – um encontro de dois rios – e que, ao se separarem no fim do dia, prometem se encontrar novamente. Existem duas versões para o desfecho dessa história: na primeira, o solteirão volta ao local para encontrar sua amada e não consegue atravessar o Auraji porque durante a noite o nível da água sobe e, então, ele canta uma música para lamentar sua dor. Na segunda versão da lenda, o solteirão tenta cruzar os dois rios e acaba se afogando, e segue cantando uma música de dor e arrependimento após a sua morte.

♪♪ INSTRUMENTOS TRADICIONAIS COREANOS – UMA BREVE HISTÓRIA

(MAS BEM BREVE MESMO, INFELIZMENTE)

Estudar a história da música e sua estrutura através dos tempos é superimportante para entender os sons e a musicalidade dos tempos atuais, no que chamamos de música moderna e também no nosso K-Pop. Afinal, é aprendendo com o passado que podemos entender melhor o presente e o futuro – e também enxergar tendências comerciais na indústria musical! E isso vale pra tudo, hein? Bora estudar!

Apesar de os instrumentos tradicionais criados nas dinastias antigas da Ásia ainda serem utilizados em cerimônias, eventos e apresentações tradicionais – e serem parte importante do crescimento da Coreia do Sul como um país que valoriza a sua cultura como nenhum outro –, muito do que é usado atualmente no mercado musical é uma modernização do que os antigos utilizavam para se expressar. Instrumentos diversos de corda, de sopro e de percussão ainda marcam presença em estudos de música tradicional e até no K-Pop, proporcionando uma mistura orgulhosa do que eles consideram patrimônio cultural e mostrando aos jovens como é importante dar valor ao seu legado. Alguns casos dessa mistura no K-Pop fizeram muito sucesso, como em "No Mercy", do grupo B.A.P (lançada em 2012) e "IDOL", do BTS (lançada em 2018). Ambas misturam a música moderna e eletrônica com instrumentos tradicionais coreanos, mesclando momentos diferentes da história da Coreia do Sul e enaltecendo a própria cultura. Não poderia haver homenagem maior!

> Nos MVs são utilizadas vestimentas tradicionais em certos momentos, assim como elementos culturais coreanos, além de coreografias que misturam dança tradicional e contemporânea! Outras músicas que também incorporam um pouco de tudo isso dentro do K-Pop são, por exemplo, "Ddaeng" do BTS (interpretada por RM, Suga e J-Hope), "Shangri-La" do VIXX, "Maximum" do TVXQ, "Yamazaki" do Bang Yongguk, "Arario" do Topp Dogg, "White T-Shirt" do Jonghyun, "Dream in a Dream" do T.E.N – e esses são só alguns exemplos!

QUE INSTRUMENTOS SÃO ESSES?

Cada um deles é dividido em categorias diferentes de acordo com o som que emitem, sua composição física e a forma como são tocados. Existem centenas de instrumentos; vale a pena uma pesquisa mais abrangente (ou um futuro livro só sobre isso, que tal?!).

Hyeonakgi: os instrumentos de corda.

■ O *gayageum* é um dos instrumentos mais famosos e mais populares da Coreia. É comumente comparado a uma cítara, com normalmente doze cordas, feito de *paulownia* (árvore originária da china) – embora já existam versões modernas e diferentes dessa. Gayageum significa literalmente "instrumento de corda (*geum*) de Gaya (na época dos Três Reinos, parte da península coreana)", o que remonta a sua criação, conforme falamos no capítulo anterior. Para tocá-lo, utiliza-se a mão direita para o som e a esquerda para a melodia.

Para quem é fã dos dramas coreanos, o *gayageum* foi o instrumento usado por Park ShinHye na novela *Heartstrings*, lançada em 2011 pela MBC, em que ela contracena com Jung Yong-Hwa, do grupo CNBLUE. No drama, que fala sobre amor, amizade e sonhos, Shin-Hye interpreta uma estudante de Música Tradicional em uma faculdade coreana de Artes Cênicas que acaba em uma batalha musical com uma banda – e essa é uma das cenas mais legais de assistir!

■ O ***yanggeum*** é outro instrumento de cordas muito popular, com estilo de um *dulcimer*, que é de origem medieval e consiste em uma caixa acústica de madeira com um número variável de cordas metálicas de aço, diferentemente de outros instrumentos, que possuem normalmente cordas de seda ou de outros tecidos dispostas de forma horizontal. O *yanggeum* é tocado com uma vareta de bambu empunhada na mão direita.

Sguastevi/Wikimedia Commons

Outros instrumentos de corda são o *ajaeng* e o *haegeum* (que, inclusive, parece bastante um berimbau), por exemplo.

Gwanakgi: os instrumentos de sopro.

■ A **daeheum** é uma flauta transversal feita de bambu, com uma membrana que dá um timbre diferente e especial ao som do instrumento. É um dos instrumentos de sopro mais populares, sendo muito utilizado em músicas tradicionais, modernas, trilhas sonoras de filmes e dramas, apresentações artísticas e muito mais. Inclusive, a criação desse instrumento tem toda uma lenda por trás, que vale a pena ser pesquisada!

Existem outras flautas que são da mesma família do *daegum*, como a *junggeum* e a *sogeum*. Para os dorameiros de plantão, no drama *Faith* (com o famoso Lee Min-Ho), o ator Sung Hoon toca o instrumento em alguns momentos.

■ A **piri** é uma flauta cilíndrica de bambu que possui oito furos, sendo sete na frente e um atrás, tornando o som do instrumento mais suave. Existem quatro tipos de *piri*: *hyang piri* (향피리), que é a mais comum e longa, com um som alto e nasal; *se piri* (세피리), a menor e mais fina delas, com um som suave; *dang piri* (당피리), a mais larga das quatro e parecida com o *guanzi*, instrumento chinês; e *dae piri* (대피리), a versão mais moderna da flauta, com um sino e chaves, mais parecida com um oboé. Cada um desses tipos de *piri* é usado em momentos, contextos e músicas diferentes.

Outros instrumentos famosos de sopro são o *danso*, o *saenghwang*, o *nabal*, o *nagak* e o *tungso*, por exemplo.

Taakgi: os instrumentos de percussão.

■ O **bak** é um instrumento pequeno de madeira, com seis barras e uma corda que as segura, parecendo-se com um leque. Normalmente é utilizado no início de alguma música, da mesma forma que um maestro usaria uma batuta, por exemplo, e emite um som de batida bem forte e característico.

■ O *janggu* é tido como o instrumento que mais representa a música tradicional coreana. Consiste em um tambor em formato de ampulheta, com duas "cabeças" feitas de pele. Essas duas extremidades produzem sons diferentes e são tocadas em harmonia. O músico pode usar o instrumento no chão, e também com uma tira apoiada nos ombros, até para se movimentar mais facilmente em apresentações, e dançar usando dois tipos diferentes de bastão, o *gungchae* e o *yeolchae* – embora, algumas vezes, também possa utilizar as mãos (ou combinar os dois).

Alguns outros instrumentos famosos são o *pyeonjong*, *pyeongyeong*, *kkwaenggari*, *buk*, entre muitos, que sempre marcam apresentações de música tradicional com ritmo e grandiosidade.

> Existem vários eventos de cultura e música tradicional coreanas espalhados pelo Brasil que normalmente acontecem com o apoio do governo da Coreia do Sul. Procure pelos centros culturais locais e por informações da Embaixada, por exemplo, para não perder quando algum artista coreano for à sua cidade! Quem mora em São Paulo, na capital, também pode desfrutar de aulas e apresentações constantes no Centro Cultural Coreano no Brasil, o KCC!

JÁ OUVIU FALAR DA MÚSICA TROT?

Se você for fã do grupo de K-Pop Super Junior ou costuma assistir a programas de variedades, provavelmente já ouviu falar do Trot, um gênero musical coreano considerado a forma mais antiga da música pop por lá. Como boa parte da cultura coreana, o Trot é datado do início dos anos 1900, durante o domínio japonês no país, tendo influência também de diversas outras culturas pelo mundo.

Sua batida é bem característica, tradicional e animada, não sendo um gênero musical tão comum entre o público mais jovem, já que a popularidade do estilo acabou decaindo nos anos 1990 com a chegada do K-Pop e de outros estilos considerados mais modernos. Mas o Trot é constantemente lembrado e ovacionado por artistas atuais, como o Daesung do Big Bang, a Joy do Red Velvet e o próprio Super Junior, já mencionado, que tem até uma subunit do grupo chamada Super Junior-T (ou Super Junior-Trot). Essa subunit foi formada em 2007 e é conhecida por ser o primeiro grupo de idols de K-Pop a capitalizar e monetizar o Trot – embora eles não tenham tido um comeback em muitos anos. O grupo era formado por seis membros e teve seu primeiro single lançado em fevereiro de 2007: a música "Rokkugo" (tem até um MV que é sensacional!) foi o single mais vendido do ano e o décimo sexto mais vendido na história musical da Coreia do Sul até então, de acordo com a Music Industry Association of Korea, a MIAK.

O nome Trot é derivado da palavra *foxtrot*, que denomina um tipo de dança de salão norte-americana que surgiu logo após a Primeira Guerra Mundial e acabou influenciando as batidas simples de dois elementos desse estilo musical coreano. O Trot também é acompanhado de um estilo vocal próprio chamado Kagok (que significa "letra de música"), que possui modulações vocais e tradicionais sete-cinco estrofes silábicas. A história desse estilo vocal começou há mais de quinhentos anos, com a criação de poemas que eram cantados, chamados *sijo*. Aliás, o *sijo* já existia muito tempo antes, tendo sofrido influência de um estilo versado de rima chinês chamado *hansi*.

Um dos *sijo* mais famosos do período da Dinastia Yi foi escrito por Chong Mong Joon (1347-1392), e seu texto permanece nos templos do Confucionismo, na Coreia, até hoje. A tradução a seguir foi feita por Richard Rutt e retirada do livro *Kagok: A Tradicional Korean Vocal Form*, de Coralie Rockwell, lançado em 1972 e sem tradução para o português.

> Though this frame should die and die,
> though I die a hundred times,
> My bleached bones all turn to dust,
> my very soul exist or not.
> What can change the undivided heart
> that glows with faith toward my lord?

Traduzir algo do coreano original mais antigo é bem complexo. Existem expressões e fonemas em *hangul* que não temos por aqui no Ocidente e em línguas derivadas do latim de um modo geral, e, por isso, nada é 100% preciso. Tendo isso em conta, o *sijo* traduzido de forma crua e literal poderia ser algo como:

> Mesmo que essa moldura possa morrer e morrer,
> mesmo que eu morra centenas de vezes,
> Meus ossos esbranquiçados todos viram pó,
> minha própria alma existe ou não.
> O que pode mudar o coração não dividido
> que brilha com esperança na direção do meu senhor?

O estudo do Kagok é bem extenso e cheio de teorias musicais, mas é importante saber que esse estilo começou como poesia e textos cantados de forma a provocar um certo tipo de comoção. Até hoje isso é bem comum dentro do Trot.

O Trot, em sua forma inicial, trazia versões e traduções de canções, ocidentais ou japonesas, que eram populares na época – isso porque, como já foi dito, o início do estilo se deu durante o domínio colonial do Japão sobre a Coreia (1910-1945). Esse estilo de canções populares era chamado de *yuhaeng changga* (유행창가, "canções populares"), e "Praise of Death", de Yun Sim-Deok, lançada em 1926, é considerada a primeira do estilo. Na década de 1930, essas canções passaram a ser produzidas por coreanos, com novas letras que falavam diretamente à realidade do país e ficaram conhecidas apenas por *yuhaengga*, ou seja, "música moderna". Hoje, são referidas como *daejung gayo*, que significa "música popular" em geral.

O TROT GIRL POWER

Depois de algum tempo, durante os anos 1950 e 1960, o estilo musical Trot acabou se tornando um pouco mais ocidental, inclusive quando o trio feminino The Kim Sisters (composto por Sue, Aija e Mia) se fez bastante popular na Coreia e suas apresentações eram aclamadas por coreanos e americanos, inclusive os soldados – já que elas começaram se apresentando nos quartéis. Se você nunca ouviu falar delas, procure imediatamente por vídeos no YouTube! Existem poucas gravações por lá, mas vale a pena assistir a cada uma. O trio de garotas é considerado o primeiro grupo musical da Coreia do Sul a fazer sucesso no mercado norte-americano, já que foram convidadas e se apresentaram mais de vinte vezes no lendário programa *The Ed Sullivan Show*, onde somente artistas renomados apareciam, como os Beatles, The Supremes, Elvis Presley, Carmem Miranda etc. Elas também foram as primeiras artistas asiáticas a fazer sucesso comercialmente nos Estados Unidos, com o cover de "Charlie Brown", do grupo The Coasters, em 1962 – música que atingiu o sétimo lugar na Billboard Top Singles Charts.

Era comum que as Kim Sisters cantassem músicas populares nos Estados Unidos (inclusive "La Bamba"!), algumas vezes misturando com o coreano, ao mesmo tempo que dançavam e, às vezes, tocavam diversos instrumentos no palco. O curioso é que as garotas não falavam nada em inglês ou espanhol e cantavam tudo de forma fonética, decorando o som das palavras!

Eram aclamadas pelo exército coreano, junto ao qual começaram sua carreira, chegando a se apresentarem diversas vezes em troca de comida, chocolates e álcool – o que não era incomum na época. Sue, aliás, tem uma biografia autorizada escrita por Sarah Gerdes (sem tradução ou versão em português) chamada *Sue Kim: The Authorized Biography* (2016), onde ela explica que o grupo acabou deslanchando graças aos soldados norte-americanos que estavam instalados na Coreia e que sentiam nostalgia quando as viam no palco, já que elas recriavam apresentações de grupos femininos norte-americanos da época.

Esse período também apresentou ao mercado sul-coreano nomes diversos de músicos que hoje são como lendas do Trot: Patti Kim, Tae Jin-Ah, Na Hoon-A, entre outros, que, inclusive, fazem sucesso até hoje. Um dos nomes mais populares é o da cantora Lee Mi-Ja, uma das mais influentes na Coreia, que estreou em 1959 e ficou famosa com sua canção "Camellia Girl" em 1964. Ela chegou a lançar mais de quinhentos álbuns ao longo de sua carreira!

DICA

A gente aconselha assistir ao filme *Swing Kids*, lançado em 2018, dirigido por Kang Hyeong-Cheol e baseado no musical coreano *Roh Ki-Soo*, escrito por Jang Woo-Sung. O filme é um drama musical sul-coreano estrelado pelo idol e ator D.O. (integrante do grupo EXO que, inclusive, ganhou muitos prêmios por sua atuação nesse filme e em vários outros) e pelos atores Park Hye-Soo, Oh Jung-Se, Kim Min-Ho e pelo norte-americano Jared Grimes. A história se passa no campo de refugiados de Geoje, durante a Guerra da Coreia em 1951, e conta a história de um soldado norte-coreano e prisioneiro de guerra, Roh Ki-Soo (interpretado por D.O.) que se apaixona por sapateado por acaso depois de assistir ao dançarino Jackson (Jared Grimes) e acaba entrando em um grupo de dança formado por ele para entreter os soldados, seus superiores e a mídia internacional. Particularmente, um dos melhores filmes a que já assistimos nos últimos tempos!

Divulgação/Next Entertainment World

TUDO O QUE VOCÊ AINDA PRECISA SABER SOBRE A CULTURA POP COREANA **53**

A FETICHIZAÇÃO DO CORPO ORIENTAL

Ainda falando sobre o trio The Kim Sisters, precisamos focar em um ponto importante, para o qual tentamos atrair a atenção dos fãs de K-Pop: a fetichização oriental. Dentro do K-Pop isso é mais normal do que vocês imaginam – a ideia de que o seu idol *oppa* é perfeito por ser asiático, de poder tratá-lo como um corpo sexual, um objeto, e constantemente torná-lo alvo de racismo e xenofobia. A liberdade que os fãs tomam de adicionar e conversar com homens asiáticos na internet somente pela sua raça e de perseguir famílias em shoppings (acredite, isso acontece e é assustador!) faz parte dos efeitos da atual yellowfever que o crescimento do K-Pop fez espalhar pelo mundo. Nada é um mar de rosas. Esse fenômeno é estudado por diversas pessoas pelo mundo, porém recomendamos a busca por textos e artigos de brasileiros como Hugo Katsuo, que constantemente tentam abrir os olhos dos jovens sobre a problemática e os perigos de enxergar os idols, por exemplo, como símbolos de uma hegemonização da raça, e não de forma individual.

Mas isso não é algo exclusivo do K-Pop e nem dos dias de hoje. Nos anos 1960, as Kim Sisters sofreram na pele a fetichização do corpo asiático e, ainda mais, da mulher asiática enquanto tentavam sucesso nos Estados Unidos. Lá, foram levados a se encaixar na recorrente estigmatização xenófoba da imagem de "mulher exótica", sendo constantemente colocadas sob o holofote pela sua cor e nacionalidade, sendo forçadas a agir de forma a se diferenciarem de outros artistas por causa disso. Tinham que perpetuar a ideia da mulher submissa, fofa, calada, tímida e sorridente. Enquanto artistas americanos e mesmo de nacionalidades ocidentais faziam sucesso pelo talento que mostravam, as Kim Sisters precisavam fazer o dobro – ou até mais – para provar que mereciam estar no mesmo palco que eles.

Durante anos elas foram exploradas de forma comercial, sem poder voltar para a Coreia por medo de não terem mais espaço ou abertura nos Estados Unidos, embora recebessem mesadas para enviar aos familiares no seu país natal. Naquela época, no pós-guerra, o povo coreano sofria por falta de comida, roupa e higiene básica, e as famílias delas dependiam do que elas enviavam como fruto do seu trabalho duro na América. Aliás, vamos falar sobre o feminismo na Coreia do Sul mais para frente!

NÃO É SÓ DE POP QUE VIVE A COREIA

(HIP-HOP, INDIE, ROCK E BALLAD)

O K-Pop é mais do que um gênero musical, vocês sabem. É uma junção de música, estilo, beleza, moda, política e muito mais. É um reflexo da Hallyu. A gente comumente se refere a grupos com um gênero musical mais pop quando falamos de K-Pop, mas existe muito mais nesse leque cultural para ser explorado! Diversos outros estilos musicais permeiam as TVs e rádios coreanas, muitas vezes competindo com os grupos pop, e outras, encontrando seu próprio nicho dentro ou fora do mercado competitivo e da indústria musical mainstream.

Muitas vezes o próprio Pop coreano engloba esses estilos dentro das suas produções – a gente sabe bem como uma música de K-Pop é produzida, né? Desde a primeira geração de idols, o Hip-Hop esteve presente na música e no estilo dos grupos e isso acontece até hoje, embora idols rappers ainda sofram muito preconceito na comunidade underground coreana, por exemplo. A estrutura da produção em massa do K-Pop também é uma mistura dos gêneros populares: normalmente temos desde o eletrônico, o Hip-Hop, o Rap, o breakdown para a coreografia (na segunda geração de idols era comum usar o dubstep, por exemplo), a bridge (que pode ser mais pop ou balada) e o encontro de vários outros instrumentos e sons que compõem o que é considerado K-Pop. Não é só o Pop, não se enganem. Inclusive, é só voltar ao capítulo anterior, quando falamos sobre o Trot e a subunit do grupo Super Junior, que, mesmo trazendo um estilo mais tradicional, ainda é considerado K-Pop pela sua popularidade e pluralidade dentro da indústria da música. Vamos agora abrir rapidamente esse leque e conhecer algumas dessas vertentes musicais que permeiam a Coreia do Sul!

O HIP-HOP: Chamamos de *K-Hip-Hop*, ou *Khh*, o subgênero da cena musical na Coreia do Sul que se originou lá pelo início dos anos 1990 e ainda é muito popular no underground e no mainstream coreano. É claro que o Hip-Hop, originalmente, é muito mais do que isso. É uma subcultura própria, iniciada na década de 1970 nas comunidades afro-americanas, jamaicanas e latinas da cidade de Nova York, onde estão estabelecidos seus quatro pilares essenciais: o Rap, o DJing, o breakdance e o grafite. Afrika Bambaataa é reconhecido como o criador do movimento, que é político, social e remonta à história de repressão e racismo sofrido por pessoas negras nos Estados Unidos.

A Coreia do Sul, sofrendo uma enorme influência norte-americana durante as guerras e no pós-guerra, teve o Hip-Hop adentrando a cultura e se tornando parte da história de muitos jovens do país, como um ato de liberdade de expressão dentro de uma sociedade conservadora. O K-Hip-Hop é um gênero dentro de tudo isso, utilizando de forma respeitosa e, muitas vezes também polêmica, mesclando o estilo do Hip-Hop americano com a cultura e a vivência próprias da Coreia do Sul.

A estreia do grupo Seo Taiji and Boys com a música "Nan Arayo", em 1992, foi um marco para a música popular coreana, incorporando o Hip-Hop e o R&B, nos primórdios do atual K-Pop. Outros grupos populares que disseminaram o estilo nesse início mainstream são Deux e DJDOC, por exemplo. Mas também não podemos deixar de citar nomes que fizeram e fazem história, como Tiger JK, o Drunken Tiger, Yoon Mi-Rae do The Movement e do MFBTY, Jinusean, Dynamic Duo, Verbal Jint, Leessang e, claro, o lendário Hyun Jin-Young, considerado o primeiro artista de Hip-Hop coreano.

A Sol Paik encontrou o lendário Tiger JK!

E OS IDOLS RAPPERS?

Essa é uma discussão em constante andamento na Coreia entre os artistas de Hip-Hop underground (que não estão nos holofotes da mídia popular ou dentro de empresas que capitalizam em cima das suas composições) e os que fazem parte de grupos idols de K-Pop. Se, no fim, todos eles cantam e homenageiam o Hip-Hop, porque existe uma diferença entre eles? Fora, claro, a exposição e a fama?

Programas de televisão como o *Show Me The Money* e *Unpretty Rapstar* se propõem a desmitificar essa diferença, embora muitas vezes deixem bem claro que alguns idols são incluídos como rappers nos grupos sem ter nenhuma experiência no underground ou no estilo musical de modo geral.

Isso precisa ser admitido: muitos idols fazem o papel de rappers sem serem realmente rappers, apenas por seguirem recomendações e ordens das empresas de entretenimento. Não existe erro em admitir isso; os próprios idols sabem muito bem. Um dos casos famosos é o do Jackson Wang do GOT7, que, em uma entrevista com o RM do BTS (os dois são amigos, além de colegas de trabalho!), disse que não conseguiria competir de forma justa em uma batalha de Rap com o Bangtan Boys, já que não teve experiência no underground como o amigo, e que fazia o papel de rapper no grupo porque tinha sido colocado ali pra isso – embora gostasse bastante. Ele se diz "alguém que faz Rap" e não "um rapper". Ele até brinca que quando entrou para o GOT7 existia um espaço para ser preenchido, o de fazer Rap, e ele acabou sendo escolhido. Brinca, ainda, que também existe um "estilo de Rap da JYP", segundo o qual o programa em questão cita outros artistas, como os do grupo G.O.D, o Taecyeon do 2PM e a Yubin do Wonder Girls.

> **Yoon Mi-Rae**, também conhecida como Tasha Reid, é uma rapper nascida no Texas, Estados Unidos, filha de mãe sul-coreana e pai negro norte-americano. Na Coreia, frequentemente sofreu preconceito por ser mestiça, e hoje é porta-voz de uma organização por lá para jovens que passam pelo mesmo que ela passou. Yoon Mi-Rae começou sua carreira cedo, em 1997, aos 16 anos, e passou por alguns grupos de Hip-Hop antes de estabelecer carreira solo e, também, ao lado do marido, Tiger JK, do MFBTY. Ela é bastante respeitada nos meios underground e mainstream, sendo uma das mulheres mais influentes do estilo até hoje. Uma deusa, né?

Embora rappers como o RM e o Suga do grupo BTS, a LE do EXID, o Jooheon do Monsta X, o Zico e o P.O do Block B, o Yongguk do B.A.P, o Mino do WINNER, o B.I, entre outros, tenham vindo do underground antes de entrar em grupos de

K-Pop, eles precisam lutar constantemente pelo seu lugar dentro da comunidade do K-Hip-Hop, tendo seus talentos, muitas vezes, colocados em xeque, e precisando que provar o seu valor na produção das músicas e das letras de Rap. Não é uma batalha fácil, mas a luta desses artistas certamente pode mudar a visão da sociedade e do mercado para os idols rappers do futuro.

▶ **PARA OUVIR SEM PARAR:** nossas indicações são os artistas Epik High, Sik-K, Giriboy, Cheetah, Jessi, V-Hwak, Okasian, Dok2, Basick, ONE, VASCO, Crush, Beenzino, PSY (pois é!), Kisum, CL, Kitti B, Heize e o muso do R&B, DEAN.

O INDIE: A música indie coreana é outro gênero bastante popular e, claro, independente da Coreia do Sul. Surgiu nos anos 1990 em Hongdae, uma área jovem e popular de Seul, e é constantemente colocada como completamente oposta ao K-Pop, já que um é extremamente comercial, e o outro, não. Muitos idols de K-Pop têm artistas da cena indie como inspiração, e alguns, como os irmãos da dupla Akdong Musician, levam o estilo boêmio autoral para dentro das estruturas das grandes empresas de entretenimento – no caso deles, à YG Entertainment.

O estilo Indie é um pouco mais complexo de se mapear, já que pode incluir diversos gêneros e instrumentos. Tendo começado com grupos jovens de New Punk e de Rock nos anos 1990, com grupos como Crying Nuts (grupo de Punk formado em 1993 que vendeu mais de 100 mil cópias do seu primeiro álbum e que é considerado o grupo indie mais famoso da Coreia), Pippi Band (um grupo não convencional formado em 1995 cuja vocalista principal era super-rebelde e em cujas músicas eram utilizados instrumentos tradicionais, assim como influências de Jazz, Reggae e Heavy Metal) e, por incrível que pareça, Seo Taiji and Boys (que pode ser do mainstream, mas ainda é considerado indie por ter sido, na época, um grupo produzido e divulgado por conta própria, sem a contratação ou a interferência de uma gravadora ou empresa de entretenimento), o estilo perdura até hoje com a ajuda de plataformas on-line e, ainda, com os clássicos buskings (apresentações ao vivo no meio da rua, atraindo público de forma orgânica). Muitos idols de K-Pop também se apresentaram em buskings em momentos diferentes da carreira –, no início ou na época de rookie (quando ainda estão sendo treinados pelas empresas ou quando acabam de se lançar em grupos que ainda não estão famosos) – para atrair o olhar do público.

Divulgação/Pippi Band

O **Pippi Band** foi tão rebelde pra época que fez história na indústria musical da Coreia do Sul por ter sido o primeiro grupo a cuspir ao vivo em uma câmera, num programa de TV! Não tinha como ser mais punk rock que isso!

Na verdade, a primeira onda da música indie sofreu um baque muito grande em 1997 com a crise financeira da Coreia, com a chegada da música digital e a consequente baixa procura por CDs. Isso fez com que os grupos indie passassem por problemas graves para vender a sua arte, além da pirataria que estava crescendo no país, já que as pessoas tinham encontrado um jeito de consumir música sem precisar pagar por ela. Isso só foi melhorar com a Hallyu, quando novas bandas indie ressurgiram no mercado em uma segunda onda musical, com nomes famosos como Kiha &

The Faces, Broccoli e outros. Nessa época, a música indie já era mais diversa do que o que se tinha nos anos 1990, que foram basicamente tomados por bandas de Rock.

Depois dos anos 2000, músicas mais acústicas surgiram e bandas com sons mais melódicos, lentos e carregados de nostalgia começaram a tomar conta, incorporando letras em inglês e recebendo influência de artistas de fora da Coreia. A internet ajudou muito nesse novo caminho do indie, proporcionando a artistas independentes um espaço para divulgação e venda das suas músicas e álbuns em plataformas abrangentes não só para o público sul-coreano, como também para o resto do mundo. Além disso, começaram a surgir mais festivais financiados por grandes marcas, dos quais esses artistas fariam parte ou encabeçariam o lineup – e isso ocorre até hoje!

▶ **PARA OUVIR SEM PARAR:** Jambinai é um dos nomes que você não pode deixar de conhecer quando o assunto é música indie coreana! Mas também indicamos a dupla 10cm, o Busker Busker, o Urban Zakapa, o Nell, o Standing Egg, o Bollbbalgan4, o ADOY, o Big Phony, o Hyukoh, o Lang Lee, o Ashmute, TRISS e muitos outros! Procure pelas playlists de K-Indie no Spotify para encontrar um mundo enorme de estilos e gêneros diversos!

O ROCK: É autoexplicativo, certo? Surgiu nos Estados Unidos no final dos anos 1940, com raízes em estilos norte-americanos como o Country, o Blues, o R&B e o Gospel, e se espalhou pelo mundo de forma rápida e certeira, originando gerações de grupos, bandas, cantores e fãs. As músicas quase que necessariamente são compostas de instrumentos-padrão, como guitarra, baixo, contrabaixo, bateria, teclado e, nos primórdios do Rock'n Roll, o saxofone e piano. Aliás, hoje o Rock pode ser uma grande mistura, com muitos instrumentos diferentes sendo utilizados nas composições das músicas.

Na Coreia do Sul, é a mesma coisa. Chamado de K-Rock, teve seu início no fim da década de 1950 com o artista Shin Jung-Hyeon e sua banda, considerados os primeiros do estilo no país, conseguindo criar uma vertente coreana dentro do Rock'n Roll. A fama do K-Rock perdurou até os anos 1970, quando a música foi censurada na Coreia do Sul pelo governo e artistas como Shin Jung-Hyeon sofreram as consequências da vida regada de rebeldia e drogas. O artista Han Dae-Soo, por exemplo, precisou se mudar para os Estados Unidos na época, em um autoexílio, após seus álbuns serem proibidos e censurados pelo governo. O K-Rock sofreu uma queda muito grande, embora continuasse, de forma não muito expressiva, no underground.

Nos anos 1980, o cenário foi dominado pelo Heavy Metal, com bandas como Sinawe e Boohwal que, junto da Baekdoosan, tornaram-se conhecidas como as BIG3 do Rock coreano, sendo famosas e lendárias até hoje. Como o Rock é político também, junto à presidência de Roh Tae-Woo na década de 1990, a música voltou a ser usada como forma de expressão, e a música coreana passou a ter mais acesso e mais influência de estilos e artistas estrangeiros. Os grupos citados no texto anterior, de música indie, entraram na história do Rock da época, e a cena musical ficou muito diversa com estilos diferentes do gênero.

Mas e as bandas de idols? Pois é, não é só de grupos que vive o K-Pop. Não estranhem quando chamamos essas bandas dessa forma, já que, como foi explicado, essa é uma forma de encaixar os artistas dentro da onda cultural de música popular na Coreia do Sul.

A essência do Rock é aquela da banda formada na garagem, com amigos curtindo um som e falando sobre os problemas da juventude. Mas o K-Rock também tem raízes na indústria musical coreana, nas empresas de entretenimento, embora com menos visibilidade do que os idols pop.

Houve uma época em que as bandas de rock no K-Pop eram extremamente mainstream e faziam um sucesso enorme dentro e fora da Coreia. Hoje isso ainda acontece, mas com uma força um pouco menor. Nesse caso, a gente precisa citar a influência de bandas como o C.N. Blue e o F.T. Island, que são dois nomes grandes da segunda geração de idols e que fazem um enorme sucesso até hoje. Os caras foram fabricados pelas empresas de entretenimento sim, mas isso não tirou a vontade deles de fazer Rock'n Roll, de expressar seus sentimentos, de produzir e tocar as próprias músicas e de mostrar seu talento em programas de TV. A linha tênue de que falamos lá no Hip-Hop também existe por aqui, embora o Rock já seja um estilo mais comercial, sem as amarras históricas e sociais do primeiro. Então a liberdade do mainstream é mais forte, e cada vez mais grupos de Rock têm despontado nas empresas de entretenimento da Coreia.

> Talvez a empresa de entretenimento **FNC Entertainment** seja uma das atuais detentoras de alguns dos maiores astros de K-Rock entre os idols! Isso porque ela é a casa dos já citados artistas C.N. Blue e F.T. Island e, também, dos mais novatos do N.Flying, que têm recebido muita atenção recentemente e ganhado muitos prêmios. A empresa também criou um programa de sobrevivência em 2016 chamado "d.o.b (Dance or Band)", em que treze trainees batalhavam entre si para debutar. O curioso – e até estranho – é que a competição girava entre os rookies do grupo de K-Pop SF9 e a banda HONEYST, que competiam entre si para ver quem chamava mais a atenção do público na época. O SF9 ganhou, debutando primeiro em 2016, e HONEYST só teve sua oportunidade em 2017, embora eles tenham anunciado o disband em 2019, infelizmente.

▶ **PARA OUVIR SEM PARAR:** nossas indicações, fora os C.N. Blue, F.T. Island e N.Flying, são as bandas e solistas Day6, The Rose, The Geeks, Jaurim, TRAxX (que tem uma discografia incrível como banda de Rock, embora hoje seja mais ligada ao EDM), Seo Taiji (sim, ele mesmo!), Kim Jaejoong (ex-TVXQ, atual JYJ e com uma carreira solo maravilhosa!), Cho Yong-Pil, além dos que já deram disband (mas têm músicas incríveis), como o Royal Pirates, o LEDapple e o HONEYST. Aliás, também vamos incluir aqui o grupo feminino Dreamcatcher, que é parte do K-Pop com muita influência do Rock'n Roll em todas as suas músicas!

As meninas do Dreamcatcher aproveitando um lanchinho brasileiro quando vieram ao Brasil e deram entrevista pra Babi.

BALLAD: Embora seja difícil de colocar dentro de uma caixinha, já que muitos dos outros gêneros musicais podem conter baladas e músicas mais lentas e melancólicas, o Ballad, ou K-Ballad, é um gênero coreano muito popular desde os anos 1980 e que sempre teve influências de muitos estilos musicais, como o Blues. Nomes internacionais, como Barbra Streisand e Lionel Richie, marcaram o estilo na Coreia do Sul e levaram o gênero a se tornar muito popular, junto com o Trot nos anos 1960, apenas com "músicas lentas", embora só nos anos 1980 tenha realmente encontrado espaço na mídia de forma expressiva. Normalmente os temas que envolvem as letras das baladas são relativos ao amor e à perda, e são músicas que denotam sentimentos profundos, com um vocal expressivo e marcante.

Também é muito comum que cantores de Ballad sejam frequentes em OSTs (Original Sound Track, ou "trilha sonora original") de filmes e dramas coreanos, o que abre um leque enorme de possibilidades no mercado musical e na mídia. Normalmente os cantores de OSTs ficam muito famosos (e ricos!), embora muitos deles já sejam idols de grupos de K-Pop. Alguns nomes conhecidos dos fãs de dramas, por exemplo, são Chen (que faz parte do grupo EXO), Ailee, Gummy, os garotos do SHINee, as garotas do MAMAMOO, Sandeul (do B1A4), Hyolin, Taeyeon (do Girls Generation), Suzy, entre muitos outros. É muito comum que os idols de K-Pop acabem cantando, também, uma música ou outra em dramas e filmes dos quais participam atuando.

Alguns dos cantores de Ballad tradicionais e lendários da Coreia do Sul são Lee Moon-Sae, Hye Eun-Yi, Lee Sun-Hee e Jo Sung-Mo, com músicas que ainda fazem sucesso até hoje e que marcaram gerações.

▶ **PARA OUVIR SEM PARAR:** nossas indicações de bandas de Ballad ficam com MeloMance e Yada, mas solistas temos aos montes! Anote nomes como IU, Ryu Jihyun, Ben, Kim Na Young, Han Dong Geun e as integrantes da dupla Davichi!

Essa é a banda TRISS, que ganhou o Toronto Indie Festival em 2018 e está arrasando na cena do K-Indie! Eles fizeram um show incrível na The House (SP) em julho de 2019, com produção da Chimera Media (na qual a Éri, a Babi e a Rocio – irmã mais nova da Sol – trabalharam bem de pertinho). A banda é um amor, e já queremos eles de volta! <3

ALGUMAS DATAS IMPORTANTES PARA A COREIA DO SUL

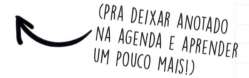

(PRA DEIXAR ANOTADO NA AGENDA E APRENDER UM POUCO MAIS!)

NA ORDEM DO NOSSO CALENDÁRIO SOLAR:

■ **SEOLLAL** (depende do ano; em 2020, será no dia 25 de janeiro) – É considerado o Ano Novo coreano, quando se realizam cultos em memória dos antepassados e é praticado o *sebae*, uma reverência formal, um tipo de saudação que se faz para mostrar respeito aos familiares. Durante o Seollal, normalmente os comércios e empresas ficam fechados, porque as pessoas tiram esse feriado para viajar pra sua cidade natal, encontrar sua família e comemorar de forma tradicional, com comidas típicas como a *tteokguk* (sopa de bolo de arroz) e a *manduguk* (sopa de almôndegas). Essa celebração costuma durar três dias.

■ **DIA DOS NAMORADOS/WHITE DAY** (respectivamente dias 14 de fevereiro e 14 de março) – Enquanto no Dia dos

Namorados a tradição é que as mulheres deem de presente aos seus amados chocolates, normalmente artesanais (ou, então, caso ainda não se tenha um amado, essa data pode servir como oportunidade para uma declaração de amor!), o White Day é o dia de os homens retribuírem esse afeto, também com chocolates (em formatos fofos), podendo o presente se estender a outras mulheres próximas como forma de demonstrar amizade e carinho.

■ **DIA DO MOVIMENTO PRÓ-INDEPENDÊNCIA** (1º de março) – A história desse movimento é grande demais para caber aqui, mas, resumindo: foi uma primeira tentativa da Coreia de se libertar do Japão, em 1º de março de 1919. Nesse dia, os coreanos resistiram abertamente à ocupação japonesa no país, tomando as ruas, marchando e gritando "Manse!". O movimento foi reprimido pelos japoneses e, doze meses mais tarde, foi totalmente contido.

■ **BLACK DAY** (14 de abril) – É um feriado não oficial comemorado, principalmente, por pessoas solteiras. É um contraponto ao White Day e ao Dia dos Namorados. As pessoas que não estão em um relacionamento se reúnem, comem *jajangmyeon* e trocam presentes para comemorar o fato de estarem solteiras! Também é um dia para comer e trocar bastante chocolate, inclusive o amargo, já que as tonalidades mais escuras são muito bem-vindas!

■ **MEMORIAL DAY** (6 de junho) – É um dia importante para honrar soldados e civis que deram suas vidas pelo país. Por toda a

nação, pessoas fazem memoriais e altares, mas a maior cerimônia acontece no Cemitério Nacional de Seul.

■ **DIA DA LIBERTAÇÃO** (15 de agosto) – Nesse dia se comemora o Dia da Independência, o *Gwangbokjeol*. O termo, traduzido, significa "o dia em que a luz retornou", e é nesse dia que se comemora a libertação da Coreia após 35 anos de domínio colonial japonês, com a vitória dos Aliados sobre o Japão, o que levou a Segunda Guerra Mundial ao fim. Nesse dia é feriado na Coreia do Sul e também na Coreia do Norte.

■ **CHUSEOK** (de 12 a 14 de setembro) – É um dos feriados mais importantes da Coreia. É celebrado no 15º dia do 8º mês do calendário lunar e constantemente é relacionado ao que os norte-americanos têm como Dia de Ação de Graças. Originalmente, é uma celebração por mais um ano de colheita, e até hoje famílias viajam de onde estiverem para se encontrar  em rituais comemorativos, chamados *charye*, sobre as sepulturas dos seus antepassados.

■ **PEPERO DAY** (11 de novembro) – Esse dia é semelhante ao nosso Dia dos Namorados, porém é uma data puramente comercial, em que o objetivo é trocar o biscoito Pepero (muito famoso na Coreia e produzido pela empresa Lotte) com os outros, como forma de demonstrar afeto e carinho.

■ **NATAL** (25 de dezembro) – A Coreia do Sul é um país bastante religioso e com um crescimento enorme de adeptos e, embora ainda seja uma nação tradicionalmente budista e com forte legado do Confucionismo (religião nativa coreana), há um crescimento enorme de adeptos de religiões cristãs. Por isso os co-  reanos, diferentemente dos povos de outros países asiáticos, comemoram o Natal como feriado nacional. A diferença é que a data normalmente é comemorada entre casais, e não em família, e as pessoas saem para comer bolo e se divertir.

O CALENDÁRIO COREANO É IGUAL AO NOSSO?

Bora usar toda a matéria que a gente aprendeu na escola! Na verdade, atualmente, existem aproximadamente quarenta calendários diferentes em uso em todo o mundo, classificados em três tipos:

SOLAR: Os calendários solares são baseados no movimento da Terra em torno do Sol, como o calendário cristão, que é o que a gente usa aqui no Ocidente.

LUNAR: Já os lunares se baseiam no movimento da Lua, sem conexão com o movimento da Terra em volta do Sol, como o calendário islâmico.

LUNISOLAR: Nesse caso, os anos são relacionados com o movimento da Terra em torno do Sol, e os meses, com o movimento da Lua em torno da Terra, como é o caso do calendário chinês.

A Coreia do Sul, como um país que foi inicialmente parte do domínio chinês, utiliza o calendário lunisolar, assim como muitos outros países da Ásia Oriental. Esse tipo de calendário possui doze lunações, que somam 354 dias. Nesse caso, as datas são calculadas a partir do meridiano da Coreia, mas os feriados e as comemorações são marcados por outros elementos da cultura coreana. Por isso é muito normal ver escrito "no 5º dia do 10º mês" etc., em vez de uma data certinha. Em 1º de janeiro de 1896, a Coreia também adotou o uso do calendário gregoriano, que é o calendário mais usado no mundo e o que a gente utiliza por aqui, embora o calendário lunisolar ainda seja o usado para as comemorações tradicionais coreanas.

E A IDADE COREANA? POR QUE É DIFERENTE?

Você provavelmente já ouviu falar que os coreanos contam a idade de modo diferente da gente, certo? Se não, é importante saber: normalmente, na Coreia, você já é basicamente um ano mais velho do que acha que é!

Isso porque, quando um bebê nasce na Coreia, ele já possui 1 ano de idade, então não é como se começassem a contar do zero assim que você nasceu! A partir disso, todo ano novo os coreanos se tornam um ano mais velhos, independentemente das datas de aniversário de cada um. Se você, hoje, tem 20 anos na Coreia, quando chegar o dia 31 de dezembro, você automaticamente passará a ser alguém de 21 anos. Isso porque, de acordo com eles, você está entrando no seu ano 21 da vida! O aniversário seria só uma data para comemorar isso oficialmente. Contando, claro, da idade coreana! A partir da internacional, parece um pouco mais complexo, porque você vai precisar diminuir um ano ali, como já falamos.

Vamos usar o Park Jin-Young, do grupo GOT7, como exemplo. Ele nasceu no dia 22 de setembro de 1994, o que, pra gente, faz com que ele tenha 24 anos em 2019. Certo? Só que na Coreia, ele tem 26. Porque precisamos acrescentar +1 à idade oficial e presumir que, como o ano novo já passou, ele já fez +1. Faz sentido?

■ Idade coreana: ele terá 26 anos de 1º de janeiro até 31 de dezembro.

■ Idade internacional: ele tem 24 anos até o dia 21 de setembro (o dia antes do aniversário dele), e 25 assim que for dia 22 de setembro.

Por isso é extremamente importante e comum dizer a sua idade ou seu ano de nascimento quando conhece alguém na Coreia. O mais fácil, no caso, seria dizer o ano em que nasceu, se for um pouco difícil fazer essa conta toda! Isso porque a forma de tratamento lá é diferente, baseada na hierarquia etária. De acordo com os ideais confucionistas, que é uma das bases da sociedade coreana, o respeito ao mais velho é superimportante! Portanto, eles dão muito valor à idade – e quem é fã de K-Pop sempre ouve falar sobre os *maknaes* dos grupos, os mais novos, que precisam obedecer aos mais velhos a qualquer momento. Faz parte!

A ARTE FASHION DA COREIA

Se você acompanha os dramas sul-coreanos, os idols de K-Pop ou assiste constantemente aos programas de variedades, já se deparou com as cores e a beleza do *hanbok*.

FOTOS DA SOL USANDO HANBOK!

O *hanbok* é a vestimenta tradicional e um dos símbolos mais clássicos da cultura coreana. Usado como traje formal ou semiformal para ocasiões especiais, como festas e celebrações tradicionais, o *hanbok* é composto pelo *jeogori* (a parte de baixo), a *chima* (uma saia, também conhecida como *sang* ou *gun*), o *baji* (a calça), o *po* (um termo genérico para robe) e o *magoja* (um modelo de jaqueta).

O Ministério da Cultura, Esportes e Turismo da Coreia define o *hanbok* como algo de grande impacto na indústria da moda moderna na Coreia do Sul, especialmente pelas cores vibrantes e a forma graciosa das peças. Ainda é difícil pensar em *hanbok* para o uso diário, mas, aos poucos, a vestimenta está sendo revolucionada através da mudança dos tecidos, cores e funcionalidades, para acompanhar os desejos do público.

A origem do *hanbok* data do período dos Três Reinos (57 a.C. a 668 d.C.), quando Goguryeo, Silla e Baekje apossaram-se de partes do Norte, Sudeste e Sudoeste da Península da Coreia. Homens e mulheres vestiam o *jeogori*, vestimenta da parte superior, porém os homens usavam o *baji*, e as mulheres, a *chima* como parte de baixo. Também havia variação no comprimento e na largura das mangas do *jeogori* usado por uma mulher.

O *hanbok* é uma mistura de criatividade e expressão na concepção e linhas exclusivas, pensadas para valorizar os movimentos de quem o veste. Com forma de sino, tendo a parte de cima estreita e a de baixo mais larga, o *hanbok* possui muitas características especiais, como o *magoja*, apertado, mas com mangas largas, e a *chima*, larga e flexível. A técnica tradicional de tingimento dos tecidos usados para a fabricação do *hanbok* é com corantes naturais, e é pensada para dar um ar de profundidade e riqueza, coisa que não acontece com o uso de corantes artificiais.

VOCÊ SABIA?

O *hanbok* já foi usado, em outras eras, como forma de expor a posição social de uma pessoa, dependendo do modelo, dos tecidos e das cores usadas!

Foi realizada uma campanha de modernização na Coreia do Sul, após a Guerra da Coreia (1950 a 1953), que resultou em uma queda no uso do *hanbok* nos anos 1970, substituído por vestimentas ocidentais. Apesar da sua beleza e representação do país, o traje clássico passou a ser usado apenas em casamentos, feriados e ocasiões especiais. Porém, em 1996, foi decretado que no primeiro sábado de cada mês se comemoraria o "dia do *hanbok*". Sendo assim, designers apresentaram novos modelos, justamente para atrair a parcela mais jovem da população.

Como parte desse movimento, e para colocar o *hanbok* novamente em evidência na Coreia, a designer Hwang Yi-Seul, conhecida como Dew Hwang, transformou o *hanbok* em um item fashion, em algo não mais apenas simbólico e designado para ocasiões especiais. Foi em 2007 que Dew, participando de um evento para o clube de desenho da Universidade Nacional de Chonbuk, usou um *hanbok* desenhado por ela mesma (ainda sem nenhum background de design de moda), baseando-se em uma revista em quadrinhos, e viu o sucesso que seu modelo fez com a galera que presenciou o desfile. A partir daí, focou nesse novo trabalho e no lançamento de seu próprio negócio como designer de *hanboks* clássicos e modelos contemporâneos, para uso diário e casual.

Com uma visão empreendedora, e assim como as agências de entretenimento, multinacionais e tantas outras indústrias, ela encontrou na internet a melhor forma de espalhar seu trabalho com a Onda Hallyu, de forma a causar impacto não somente nos sul-coreanos, como também suprir a demanda dos fãs da neo-Hallyu por comprar produtos que venham da Coreia do Sul e que sejam cheios da história e da cultura dos seus idols. Você pode encontrar (e encomendar!) os *hanboks* criados por Dew Hwang em sua loja virtual, LEESLE (https://leesle.kr), ou fazer igual a gente: só babar em todos os modelos!

Aliás, vale um adendo, pra quem ainda não percebeu: o impacto dos ídolos de K-Pop e demais representantes da Onda Hallyu é tão forte que as celebridades sul-coreanas ditam tendências. Seja atuando em propagandas de grandes marcas de cosméticos, ou ao virar notícia devido à forma de se vestirem casualmente quando estão a caminho de arrasar nos palcos, com sua airport fashion (ou "moda de aeroporto"), a influência dessas celebridades é arrasadora.

Esse impacto – que está diretamente ligado à reputação do idol naquele momento da sua carreira – influencia na escolha e na forma do seu público consumir as marcas a ele relacionadas. Se um idol relevante casualmente anunciar uma marca, por exemplo, é bom preparar um novo estoque do produto nas prateleiras (inclusive, jamais esqueceremos quando os amaciantes de uma marca esgotaram NO MUNDO INTEIRO, depois do Jungkook do BTS falar que gostava do cheiro dos seus produtos e que era essa marca que ele usava em suas roupas!).

FOTO DA SOL

O MERCADO DE K-POP

QUANTO VALE UM IDOL?

No K-Pop, quando falamos de reputação, o assunto é SÉRIO. Existe um ranking oficial que divulga mensalmente a posição de grupos idol e seus integrantes (em rankings individuais), de acordo com o Korean Business Research Institute (instituto de pesquisa em negócios sul-coreano). Isso torna cada nome de grupo e a persona artística de cada idol uma marca e se reflete nos seus valores em marketing, redes sociais e lucros. Essa análise é baseada em participação de consumidores, cobertura da mídia e popularidade na comunidade da Coreia do Sul. Os gráficos são divulgados todo mês, em coreano, e são traduzidos pela mídia especializada em K-Pop ao redor do globo, pontualmente. Se você entender de *hangul*, pode visitar diretamente o site do instituto (http://rekorea.net/).

Então, quando falamos sobre **valor de marca** (o brand value) de um grupo ou de um idol, não estamos enaltecendo nem diminuindo o trabalho de ninguém de acordo com nossos gostos pessoais. Estamos citando dados reais, que são usados para medir o consumo do K-Pop na sociedade sul-coreana.

Esses dados funcionam como um termômetro para as próprias agências venderem turnês e fecharem contratos de apoio financeiro com grandes marcas, por exemplo. Uma das maiores discussões em negociações de shows internacionais é quando o brand value é alto, tornando os cachês artísticos altos também. Mas ele diz respeito ao consumo do público somente na Coreia do Sul, não incluindo o internacional.

Não é incomum um grupo ou solista de K-Pop ser superpopular em um determinado país ou região, mas não ser reconhecido pelo povão quando volta para casa. E aqui não estamos falando de fandoms, porque sabemos que até os mais "flops" têm fãs que apoiam seu trabalho, por menores que sejam em números. Estamos falando do reconhecimento de outros fandoms e da população geral, de várias gerações. Isso aconteceu por muito tempo com o BTS, por exemplo. Enquanto os caras já faziam show para 10 mil pessoas fora da Coreia, as massas sul-coreanas ainda não estavam associando os hits ao grupo. O reconhecimento veio depois de inúmeros recordes em rankings musicais da Billboard, vendas de álbuns, notícias sobre esgotamento de ingressos para shows de turnês mundiais e toda a atenção que a mídia, principalmente a norte-americana, estava dando ao fenômeno BTS.

O BTS marca presença na Times Square, em Nova York!

VOCÊ SABIA?

Em julho de 2018, Kang Daniel (vencedor da 2ª temporada do programa *Produce 101*, integrante do Wanna One e, hoje, solista e dono da própria empresa de entretenimento) ficou em PRIMEIRO LUGAR no ranking de reputação de marca por doze meses consecutivos. Fontes do Korean Business Research Intitute revelaram para a mídia que a palavra *fashion* era uma das mais associadas ao idol, e que a análise de positividade-negatividade em relação ao consumo da marca "Kang Daniel" era de 85,1% para o lado positivo!

A VALIDAÇÃO DO FIRST WIN

A gente sabe, existem muitas palavras e expressões que são usadas no K-Pop e que podem confundir bastante! Não é fácil para quem não está inserido no meio, e muito menos para quem está começando a conhecer tudo, e a gente superentende! *First win* é uma dessas expressões, e é muito comum dentro da indústria musical coreana. É usada para quando um grupo ou idol ganha seu primeiro prêmio, tem sua primeira vitória em programas musicais semanais sul-coreanos (como *Inkigayo*, *Music Bank*, *M Countdown*, *Show Champion*, entre outros) desde o seu debut.

Quando um grupo ou solista se lança no mercado, ele naturalmente começa a vender sua música, e isso acaba indo parar em um ranking feito por toda a indústria. Desde os números de vendas do single, do álbum físico, do álbum digital, de visualizações dos MVs, de votações dos fãs e outras formas de contabilização, o artista tem seu trabalho monitorado pela empresa de entretenimento que o agencia e por diversos programas musicais semanais que passam na TV coreana.

Esses programas abrem espaço para alguns grupos ou solistas que acabaram de lançar uma música nova (ou seja, fizeram seu comeback ao mercado) para que se apresentem em um palco estilizado e possam concorrer a um troféu – e é literalmente isso, um troféu MESMO. Mas esse troféu, mais do que só um objeto, é uma validação de todo o seu trabalho e esforço e de sua popularidade no mercado – tudo isso baseado em números e porcentagens!

Nem todos os grupos e solistas que debutam e fazem um comeback conseguem espaço nos programas, já que são muitos por semana, então somente alguns acabam conseguindo se apresentar semanalmente na TV – e isso pode depender muito da relevância do grupo, de sua fama, das conexões da sua empresa de entretenimento e dos objetivos de promoção e divulgação deles. Alguns artistas, ainda, escolhem não fazer parte dessas competições, por inúmeros motivos.

Essas competições nos programas musicais são semanais, e cada grupo ou solista tem um tempo-limite para tentar ganhar esses troféus. É o tempo que chamamos de "promoção", durante o qual os artistas visitam programas de variedades, fazem shows, encontros com fãs e divulgações diversas para chamar a atenção para sua música nova e tentar vender o máximo que puder! Depois de algumas semanas, eles são retirados dos programas e só voltam quando têm um novo comeback, para tentar novamente.

Cada programa musical tem sua forma de contabilizar pontos e de escolher um vencedor, e o mesmo grupo pode ganhar em sequência em todos os programas ao mesmo tempo, se conseguir! E é claro que os grupos e solistas populares têm mais chances, fazendo com que as empresas organizem bem seus calendários, a fim de não darem um comeback a seus artistas em datas em que outros grandes estão, também, lançando músicas novas, por exemplo. É parte da estratégia.

Dentro desses programas musicais, o grupo ou solista só passa a concorrer à premiação na semana seguinte ao seu lançamento, porque a primeira apresentação é como uma estreia da música nova!

A questão complexa é que o first win é como uma validação desses artistas perante o mercado e, infelizmente, a competição é intensa. Isso não determina se o grupo ou solista é bom ou ruim, óbvio, mas é uma confirmação de que seu trabalho está fazendo sucesso. No caso, o first win é só o primeiro prêmio, mas um grupo pode ganhar quantos prêmios ele conseguir durante toda a sua carreira. Quanto mais prêmios, mais relevância.

Alguns grupos muito famosos e populares acabam demorando muito tempo – até mesmo anos – para conseguir esses prêmios, já que a competição não é fácil. Alguns, inclusive, nunca conseguiram vencer nenhuma. Mas é parte do processo continuar fazendo comebacks, indo a programas, apresentando-se semanalmente e tentando vender seu trabalho para alcançar essa vitória.

É por isso que, para os artistas, a interação e a participação dos fãs e fandoms são tão importantes. A maior parte dos prêmios contabilizam visualizações de MVs em suas pontuações, ou então votações on-line, por aplicativos, redes sociais etc. Assim, o fã consegue ajudar seu idol favorito mesmo se não tiver condições de comprar a música ou o álbum físico, por exemplo. Cada um pode fazer a sua parte, e é muito comum os fandoms e fãs de todo o mundo se unirem para tentar dar o prêmio ao seu artista favorito!

Os números a seguir são apenas exemplos, já que podem ter mudado desde o momento em que as informações foram recolhidas. Mas por eles dá pra se ter uma ideia de como funcionam as pontuações nesses programas:

MUSIC BANK: 5% de vendas físicas + 65% de vendas digitais + 20% de aparição nos programas da emissora + 10% de escolha dos espectadores.

`INKIGAYO:` 55% de vendas digitais + 5% de vendas físicas + 35% de visualizações dos MVs no YouTube + 5% de votos prévios de espectadores.

`M COUNTDOWN:` 50% de vendas digitais + 15% de vendas físicas + 15% de pontuação de redes sociais (MVs no YouTube, popularidade em SNS coreanos) + 10% de votos pela internet + 10% de aparição no programa + 10% de votos por mensagem de texto (para os primeiros lugares apenas).

`SHOW! MUSIC CORE:` 50% de vendas digitais + 10 de vendas físicas + 10% de visualizações dos MVs + 10% de uma votação prévia pelo comitê de espectadores + 5% de aparições na rádio da MBC + 15% de votação ao vivo (para os primeiros lugares).

(Fonte: site Volts)

Alguns first wins de grupos que você talvez conheça – e tenha se emocionado junto:

■ **Seventeen** – o primeiro prêmio deles foi no *Show Champion* no dia 4 de maio de 2016, com "Pretty U", um ano após seu debut. Uma vitória emocionante!

- **TVXQ** – em 28 de março de 2004, o grupo teve seu primeiro prêmio com "Hug", três meses após seu debut! Quase um recorde!

- **BTS** – seu primeiro prêmio veio, dois anos após seu debut, no dia 5 de maio de 2015 com a música "I Need U". Super merecido!

- **MAMAMOO** – elas ganharam o primeiro prêmio no dia 6 de março de 2016, com "You're The Best", dois anos desde o seu debut.

■ **EXO** – o primeiro lugar do grupo foi com "Wolf", no dia 14 de junho de 2013 no *Music Bank*, apenas 432 dias depois do debut deles! A música ainda liderou as paradas de sucesso por muito tempo.

■ **2NE1** – um dos maiores nomes da segunda geração do K-Pop, venceu com "Fire", sua música de debut, que deu o primeiro lugar ao grupo em maio de 2009 no *Inkigayo*.

■ **INFINITE** – eles conquistaram o primeiro lugar em 1º de setembro de 2011, no *M Countdown* com "Be Mine", e foi muito emocionante!

■ **Super Junior** – os caras ganharam seu first win em 25 de junho de 2006, no *Inkigayo*, com a música "U", que ainda faz um enorme sucesso.

■ **BTOB** – venceu com a música "Way Back Home", uma balada, no *Show Champion* em 21 de outubro de 2015, três anos depois do seu debut. Tava na hora!

■ **TWICE** – no dia 5 de maio de 2016 elas conquistaram o primeiro lugar com a música "Cheer Up" e foi uma felicidade só!

■ **Girls Generation** – venceu com "Into The New World". Elas ganharam o primeiro lugar no *M Countdown* em outubro de 2007, com apenas 67 dias de debut! Um recorde pro mercado!

TWICE

Girls Generation – nosso coração é OT9, viu, SONES? Na foto, falta a Jessica Jung, mas foi o que rolou com o banco de imagens, haha!

■ **VIXX** – venceu com "Voodoo Doll" no dia 6 de dezembro de 2013. Eles mal conseguiam agradecer, de tão felizes que estavam!

■ **GOT7** – eles venceram no dia 6 de outubro de 2015 com "If You Do", no *The Show*. Foi a primeira das várias vitórias que tiveram até hoje.

■ **Big Bang** – a canção "Lies" foi o motivo dos caras terem conseguido sua primeira vitória, em setembro de 2007, no *Inkigayo*. Um marco pro K-Pop esse hino atemporal!

■ **SHINee** – o grupo ganhou com "Love Like Oxygen", em 18 de setembro de 2008, no *M Countdown*.

Big Bang

SHINee

COMO EU POSSO AJUDAR?

Quando dizemos que ouvir as músicas dos nossos artistas favoritos em plataformas diversas pode ajudar a carreira deles, não é brincadeira. Sua visualização pode fazer toda a diferença e ser decisiva em uma premiação ou, então, ajudar o artista, grupo ou empresa a atingir um objetivo, por exemplo.

Não pense que você não faz nada pelo seu grupo favorito só porque, talvez, não consiga comprar seus álbuns físicos (que chegam supercaros aqui no Brasil!). Como já puderam ver aqui, o fato de citarem os @ dos artistas e grupos nas redes sociais já pode contar pontos em listas que contabilizam a influência que eles têm pelo mundo, e isso já é uma vitória para eles, já que faz com que se tornem nomes conhecidos para pessoas fora do universo do K-Pop.

Assistir aos MVs no YouTube, por exemplo, ou no V Live (aplicativo grátis e exclusivo do K-Pop, com vídeos exclusivos) pode contabilizar nas premiações musicais coreanas e em rankings internacionais, tornando os artistas mais famosos – como o que aconteceu com o PSY na época em que ele explodiu no YouTube. Todo mundo ouviu falar dele.

O BTS também é um grupo que constantemente chama atenção pelos números de visualizações de seus vídeos, que são reportados na mídia internacional, atraindo novas pessoas e fazendo disso um ciclo proveitoso para o artista em geral. O BLACKPINK também entra nessa lista! Ouvir suas músicas favoritas em plataformas como o Spotify, por exemplo, os ajuda em premiações diversas, até internacionais, e pode colocar os idols em destaque em charts por todo o mundo. Não subestime o poder de divulgação internacional, inclusive nos dias de hoje!

> É claro que os números nem sempre são tudo. Não determinam se um grupo é bom ou ruim nem nada parecido, claro. Por isso, a ideia de fazer stream do seu idol favorito é importante, mas precisa ser feita de forma saudável! Unir-se com outros fãs e fazer mutirões de visualização pode ser divertido, mas saiba quando é hora de deixar os números de lado e apenas curtir a música. Precisa existir esse limite, ok? Sem essa linha, tudo o que seu artista favorito produz se distancia do motivo pelo qual ele está lá se esforçando e correndo atrás dos seus sonhos – que é fazer as pessoas se divertirem, curtirem e se emocionarem com o seu trabalho! Não é, e não precisa ser, uma eterna corrida para ver quem chega primeiro, quem ganha mais ou quem consegue aumentar seus números mais rápido. Os próprios artistas sabem a hora de parar de competir, e é importante que os fãs também percebam esse momento.

DÊ AMOR ÀS SUAS FANBASES FAVORITAS!

Há dez anos, essa expressão não existia no universo dos fandoms (que é como são chamamos os grupos de fãs de algo específico), porque a utilização da palavra *fã-clube* era muito mais comum. Todo artista tinha seu fã-clube oficial (ainda tem) e, em alguns casos, seus fãs criavam fã-clubes pelo mundo para unir seus semelhantes e falarem juntos sobre o que gostavam.

Em um mundo off-line, isso era feito em reuniões e encontros, mas no on-line, essa união se tornou bem mais fácil. E, ainda mais fácil do que os cadastros em fã-clubes, as fanbases vieram para tornar ainda menos complexa a interação entre os fãs e a transmissão de notícias de seus artistas favoritos, por exemplo. Fanbases talvez sejam os novos fã-clubes, só que mais modernas, em redes sociais, onde você só precisa seguir um perfil, e não abrir um enorme cadastro esperando por uma carteirinha oficial para ser considerado um fã de verdade.

Todo mundo pode criar uma fanbase, mas entendendo que isso demanda tempo e dedicação, uma vez que os fãs vão contar com elas para a tradução de notícias, matérias, mensagens em redes sociais, para a divulgação de projetos, fotos, saber sobre o paradeiro do artista, entre outras coisas. E, quando se trata do K-Pop, isso se torna ainda mais complicado, pois falamos de artistas que moram na Coreia do Sul, onde tudo acontece com doze horas de diferença do nosso horário local. Moderadores e administradores de fanbases normalmente acordam de madrugada para conseguir furos de notícias e traduções, já que é quando está de noite por aqui que tudo está acontecendo por lá. Não pense que é fácil! É um trabalho duro e sem recompensa monetária. Os fãs o fazem por amor – aos idols e aos outros fãs –, e normalmente dão um banho em muitos profissionais por aí!

Por isso é muito importante valorizar e seguir as fanbases de artistas que vocês gostem. Não só pela visibilidade (porque uma produtora pode, por exemplo, usar esses números para atrair shows para o Brasil), mas por saber que existe um espaço que vai abraçar seus artistas favoritos e te ajudar a saber de todo o trabalho que seus idols realizam – e a gente sabe que é bastante coisa! Não se limite a seguir apenas uma fanbase, pois existem muitas que são bacanas e fazem trabalhos diferenciados. E, claro, sempre lembrando que as pessoas por trás de toda aquela estrutura estão ali por amor, doando seu tempo e expertise – e que são seres humanos passíveis de erros e acertos, como você!

O MUNDO DO K-POP DE CABEÇA PRA BAIXO

Lá na página 38 do *Manual de Sobrevivência*, a gente falou um pouco sobre quem está por trás de todo o processo de criação dos grupos. Durante todo o caminho do K-Pop, os complexos empresariais que dominaram a cena e movimentaram a maior parte da economia do Pop sul-coreano foram três nomes muito conhecidos: **SM Entertainment**, **YG Entertainment** e **JYP Entertainment**. Essa era uma das poucas coisas que não mudava dentro do K-Pop.

Imagina só a surpresa de todos – inclusive a nossa, devemos admitir – quando a mídia anunciou, em meados de 2019, que as Três Gigantes (como as chamamos no livro anterior), ou The Big Three (como são conhecidas globalmente), agora são as Quatro Gigantes, com dois nomes inéditos nesse pódio dando um pé na bunda da YG Entertainment?

Essa substituição foi consequência de alguns fatores. A YG em meio a uma crise de acusações sobre o envolvimento de idols de alguns dos principais grupos da casa e seu próprio fundador, Yang Hyun-Suk, com práticas ilícitas (desde facilitação à prostituição, passando por consumo/venda de drogas, e chegando até a sonegação de milhões em impostos. OI, TUDO BEM?). Yang Hyun-Suk anunciou em junho de 2019 que renunciaria a todos os seus cargos e atividades na empresa, para que a YG se estabilizasse. A essa altura, a agência já havia perdido milhões devido à queda de suas ações, além das tentativas de boicotes aos seus artistas por parte de internautas sul-coreanos para que os idols cessassem suas atividades indefinidamente, seguidas de uma renúncia do irmão do seu fundador, Yang Min-Suk, do posto de CEO da agência. Poucas semanas depois desse turbilhão de acontecimentos – que quase quebraram a internet para os k-poppers ao redor do mundo – uma nova executiva foi apontada para liderar a YG: Hwang Bo-Kyung, que já trabalhava na agência como diretora-executiva desde 2001. Além de toda a responsa no meio de tanta tensão em torno da YG, ela anunciou que criaria um comitê para transformar todo o modelo de negócios da agência, para "levar a YG Entertainment a dar um passo à frente", segundo palavras dela mesma.

Uma das coisas mais surpreendentes (fora, claro, as acusações tão bizarras a tantos nomes que sempre admiramos) é que, em 2018, a YG ainda ocupava o 2º lugar entre as maiores empresas, com um ganho de aproximadamente 240 milhões de dólares! O sucesso antes da queda foi dado para artistas como BLACKPINK – e a sua primeira turnê mundial –, iKon, WINNER e à carreira solo do Seungri (Big Bang) no Japão. Tudo indica que a agência estava indo para o 1º lugar do ranking (que na época pertencia à SM Entertainment) em 2019, com a expansão do nome das meninas do BP nos Estados Unidos e comebacks das boybands da agência.

> Parece ironia, mas grande parte dessa treta com a YG começou exatamente pelo Seungri, na época em pleno auge de atividades no Japão e tido como uma figura importante no entretenimento, com grandes eventos para os fãs (shows, *fanmeetings*). Em meio às investigações, o ex-idol anunciou sua saída definitiva do Big Bang e da YG, e a maior parte dos seus negócios fora da cena musical tiveram uma queda de rendimento pela associação com a sua imagem. Tristeza que chama, né?

A essa altura, ainda em 2018, a **Big Hit Entertainment** já havia tomado seu posto como a 3ª maior agência, colocando a JYP Entertainment, casa do TWICE e do GOT7, em 4º lugar (OMG!), graças à explosão mundial do BTS. Segundo relatórios nos quais se basearam essas informações, a Big Hit conseguiu, em 2018, DOBRAR seus lucros de 2017. Rycos, né?

VOCÊ SABIA?

Apesar de rankings como o TOP 4 das agências sul-coreanas serem definidos com base em seus lucros, o ranking da média de salário anual para funcionários de cada uma em 2018 foi bem diferente:
- 1º Big Hit: 37.600 dólares
- 2º YG: 35.400 dólares
- 3º SM: 33.400 dólares
- 4º JYP: 31.760 dólares

Pra onde a gente manda o currículo, Big Hit?

Em meio a tudo isso (como se já não fosse informação demais para um curto período de tempo), a mídia sul-coreana começou a preparar o terreno para a definição de uma nova era dentro da neo-Hallyu: a era das Quatro Gigantes, excluindo a YG da equação. Quem a substitui no jogo é o **CJ E&M**, basicamente um dos maiores (se não o maior!) conglomerado comercial da Coreia do Sul.

Apesar de não agenciar nenhum artista em primeira mão, a CJ é responsável por uma rede de investimentos em uma lista de agências menores de K-Pop e K-Hip-Hop, como a Jellyfish Entertainment, a AOMG, a Hi-Lite Records e outras como subsidiárias diretas. A CJ possui, inclusive, um setor responsável por cuidar das turnês mundiais de artistas de inúmeras outras agências, com equipe especializada em booking de shows, tour managers e engenheiros de luz e som. Até o fechamento deste livro, a CJ já havia se juntado com a Big Hit para criar a Belift Lab, uma nova agência de entretenimento que anunciou já estar trabalhando em um novo grupo masculino de idols para "seguir os passos do BTS". Se a "fórmula" de sucesso pegar, essa parceria pode colocar a CJ e a Big Hit como as agências de entretenimento mais ricas da história da Hallyu.

VOCÊ SABIA?

A CJ E&M também é dona da emissora de TV a cabo Mnet, uma das mais populares não só na Coreia no Sul, mas também quando o assunto é consumo de conteúdo da Hallyu por estrangeiros. A Mnet é responsável pela série *Produce 101*, que deu origem a girlgroups e boybands temporários de grande sucesso, como o I.O.I, o Wanna One e o IZ*ONE, além dos dois maiores reality shows de sobrevivência na cena Hip-Hop, o *Show Me The Money* e o *Unpretty Rapstar* (spin-off do *SMTM* focado somente em rappers mulheres, conforme já explicamos aqui).

CRÔNICA DA SOL:
"FALAR DE FEMINISMO NA COREIA DO SUL É UM TIRO NO PÉ!"

"Falar de feminismo na Coreia é um tiro no pé!" – isso foi o que eu pensei quando morei em Seul durante os primeiros meses dos meus 20 anos.

arquivo das autoras

Com essa idade, estudei no Departamento de Ciências Sociais na Hankuk University of Foreign Studies, a HUFS, por apenas um semestre. A HUFS tem os melhores cursos de língua estrangeira da Coreia do Sul e, como eu trabalho como intérprete e tradutora, muitas pessoas costumam pensar que fui à HUFS aprofundar meus estudos em idiomas. Porém, estudar um idioma numa instituição é algo que nunca fiz formalmente; tenho certificados de proficiência em idiomas por ter realizado provas internacionais por conta própria, de forma independente.

Foi no Departamento de Ciências Sociais da HUFS que tive a oportunidade de cursar quatro disciplinas, sendo uma delas a de Estudos de Sexo na Sociedade (o título da disciplina pode ser constrangedor, mas foi justo pelo título que decidi cursá-la!). Lembro que a professora dividiu as aulas da disciplina de uma forma meio sem lógica e, por fim, decidiu focar no tema do feminismo em quase metade do número total de aulas.

Feminismo. Feminismo é um movimento que, hoje em dia, tem muitas definições, muitas vertentes, muitos (necessários) recortes. Essa palavra perdeu a originalidade do seu significado na Coreia, pelo que vejo, porque muitas pessoas atribuem a essa palavra um significado muito diferente do que seria o seu verdadeiro.

Um dia, na aula de Estudos de Sexo na Sociedade, a professora perguntou se havia alguma estudante feminista na sala e o silêncio pesado que se seguiu me silenciou por alguns segundos. Mas logo tive a coragem de levantar a mão e dizer que eu me vejo feminista. O silêncio depois de eu ter "confessado" isso foi ainda mais pesado. Eu estava sentada em uma mesa nos fundos da sala, mas com certeza fui a pessoa mais observada durante toda a aula. Já a professora teve uma postura contrária aos estudantes da sala: ela, sabendo que eu era uma estudante que havia morado na América do Sul, me fazia perguntas do tipo "Como são as coisas por lá?". Eu respondia com muito prazer, mas quanto mais falava, mais tinha a sensação de que era percebida como "a mocinha feminista", perto de quem eles deveriam tomar cuidado com o que falam.

Olha, ninguém me contou antes como os sul-coreanos percebem a palavra *feminista*, mas notei, rapidamente, que essa palavra era pouco bem-vinda por ali. As pessoas da sala, eu percebia claramente, me olhavam de forma diferente. Alguns com um olhar de preocupação, outros, assustados, e outros, com um olhar de ódio.

Fiquei tão assustada com a forma como as pessoas percebem o feminismo que decidi procurar essa palavra no Naver (também conhecido como o Google sul-coreano) e, para minha grande surpresa, encontrei disponíveis na rede de busca mais popular da Coreia artigos da Naomi Wolf, da Susan Brownmiller e de inúmeras outras autoras feministas. Artigos em inglês, os mesmos que eu tinha lido e estudado nos meus primeiros anos de faculdade, quando me identifiquei – e me aceitei – feminista.

A surpresa maior veio quando comentei isso com vários companheiros meus de fora da faculdade. Entre cinco deles, quatro não sabiam explicar o que é o feminismo, mas, apesar disso, simplesmente detestavam feministas; apenas um tinha noção do que é o feminismo, mas me dizia que estudos são somente estudos.

"Não sei como você vê as feministas, mas aqui você deveria tomar cuidado ao dizer que é uma."

O CAMINHO DO FEMINISMO NA COREIA DO SUL

(OUTRO RESUMO QUE PODERIA RENDER UM LIVRO INTEIRO)

A sociedade coreana é, ainda, extremamente patriarcal e focada no papel do homem e em seus direitos. E tem sido assim por milênios, inclusive por influências religiosas, filosóficas e de séculos de dominação por países que seguem essa mesma linha.

O movimento sufragista da Coreia do Sul foi incluído no artigo 11 da Constituição Nacional de 1984, em que se lê que "todos os cidadãos devem ser iguais perante a lei e não deve existir nenhuma discriminação de forma política, econômica, social ou cultural baseada em sexo, religião ou status". Porém, o movimento é recente se comparado ao feminismo no mundo ocidental. Na Coreia, embora muitas mudanças estejam acontecendo na sociedade no sentido da igualdade em questões de gênero no trabalho, ainda é muito difícil mudar os valores culturais, que são milenares – pelo menos, não assim de repente.

MAS QUAL A INFLUÊNCIA DO CONFUCIONISMO NAS QUESTÕES DO FEMINISMO NA COREIA DO SUL?

O Confucionismo é um sistema filosófico chinês criado há milênios por Confúcio e que é utilizado como base de sociedades até hoje, inclusive a sul-coreana. Ao contrário do que muita gente pensa, não é exatamente uma religião, já que não prega uma doutrina que fale de redenção pessoal ou de vida após a morte. O Confucionismo é para o mundo atual, para a convivência entre os semelhantes e com a sociedade em geral.

As principais ideias trazidas por Confúcio falam da valorização do estudo, da disciplina, da ordem, da consciência política, do trabalho e da moral, tendo como base uma forte lealdade familiar, veneração aos ancestrais e respeito aos mais velhos. Sim, é por isso que a gente sempre ouve falar que os coreanos se ligam muito nas questões de idade! Existem, inclusive, formas de comunicação que se diferenciam de acordo com a idade da pessoa que está falando, criando uma linguagem formal em diversos níveis de uso da língua coreana.

Da mesma forma, existe também uma diferença na linguagem e no tratamento entre homens e mulheres, o que a filosofia confucionista já contemplava há milênios, e que segue sendo quase como uma tradição, fazendo parte da sociedade. A estrutura familiar e social sempre foi muito importante para esse ideal, colocando-se o homem como cabeça da família e a mulher como alguém que deve obediência a ele. Marian Lief Palley, no jornal *Women's Status in South Korea*, descreveu a regra para a obediência das mulheres: "para o pai, quando jovem; para o marido, quando casada; e para o filho, quando mais velha".

A ideia do machismo imposto ao longo de tantos anos condiz com os ideais hierárquicos confucionistas, que valorizam mais a hierarquia nos relacionamentos interpessoais do que a liberdade individual, o que faz com que a discriminação e a violência contra a mulher sejam, muitas vezes, justificadas dentro das ideias incrustadas na sociedade sul-coreana.

Muitos dos grupos de militância atualmente presentes na Coreia do Sul existem há muitos anos, alguns tendo sido fundados até antes da Segunda Guerra Mundial – e muitos a princípio nem focavam nos direitos das mulheres até os anos 1980. Eram movimentos sociais do povo, lutando por melhores condições de trabalho, por democracia e por direitos como sociedade desde o fim da dominação da Coreia pelo Japão, por volta de 1945.

> O livro *Gender and the Political Opportunities of Democratization in South Korea*, de Nicola Anne Jones, (ainda sem tradução em português), lança um olhar bem aprofundado sobre a luta das mulheres em movimentos sociais na Coreia do Sul. Há uma citação lá que é de Cho Y, de uma entrevista de 2000, em que ela diz: "Muitas das mulheres ativistas nos movimentos foram originalmente estudantes ativistas nos anos 1980. A gente nunca se considerou como mulher na situação, e sim focamos em questões e problemas políticos. Meu entendimento sobre os problemas de gênero começaram quando trabalhávamos em fábricas para tentar estabelecer uma união feminina. A gente lutava para organizar as trabalhadoras mulheres, mas elas nunca percebiam os problemas sociais [...] E sempre estavam ansiosas para se casar com um príncipe [...] Essa experiência nos motivou a estudar os problemas das mulheres em geral e a entender os conceitos de gênero no país".

A exploração das mulheres que trabalhavam nas fábricas durante o crescimento da Coreia do Sul fez com que a sociedade focasse mais na questão dos direitos femininos e, nos anos 1980, esses movimentos acabaram ganhando uma força maior graças ao envolvimento de estudantes e de grupos trabalhistas. Um instituto de pesquisa das mulheres foi criado na Ewha Women's University, a primeira faculdade para mulheres da Coreia do Sul, e a partir de 1985 aconteceram protestos nacionais reivindicando união e direitos das mulheres, do mesmo modo que, anos depois, organizações como a KWAU (Korean Women's Associations United), constituída por diversas frentes diferentes, incluindo as sociais, religiosas e ambientais, e que conseguiu impactar de forma expressiva até nas eleições.

Mas nada disso mudou de fato a realidade das mulheres na Coreia do Sul. O feminismo ainda hoje é considerado um tabu, embora continue crescendo na sociedade – de forma lenta, mas não ignorável. Não mais.

O PADRÃO DE BELEZA SUL-COREANO

Na Coreia do Sul, a preocupação com a beleza chega ao nível de obsessão. Para os sul-coreanos, o padrão de beleza inclui cabeça pequena, magreza, rosto oval, seios e quadris relativamente volumosos para as moças, barriga definida para os rapazes, pernas finas, nariz fino, olhos grandes, pálpebra dupla e pele o mais clara possível – todos padrões herdados das ideias confucionistas de nobreza, baseadas na aparência e na estética.

Os sul-coreanos também são vidrados em cuidados com a pele. No campo dos cosméticos, a Coreia do Sul é líder no quesito inovação no mundo da beleza, exportando para o resto do mundo ideias geniais, como as bases cushion para o rosto e tantos outros itens presentes nas bolsinhas de pessoas em todos os cantos do globo. A indústria da beleza coreana foi constituída, inicialmente, para suprir a demanda feminina nacional (ou seria pela pressão estética que as mulheres sofrem mais que os homens, por causa do machismo?), e hoje apoia um dos mais extensos regimes de cuidados com a pele no mundo, consumindo entre dez e dezoito produtos diferentes por dia.

O FUTURO É FEMININO (E O PRESENTE TAMBÉM!)

Existe uma grande discriminação com relação às mulheres sul-coreanas no mercado de trabalho local, fora do show business. Apesar de a taxa de desemprego na Coreia ser de 3,9%, de acordo com informações fornecidas pelo governo da República da Coreia em 2016, existem diversas complexidades.

O grande crescimento econômico que vem ocorrendo desde 1970, conhecido como o Milagre do Rio Han, aconteceu, principalmente, pelo trabalho das mulheres em empregos de baixo salário e status, geralmente no setor de manufatura, como em fábricas. A força do trabalho feminino aumentou de cerca de 26,8%, em 1960, para 47,6%, em 1995, época em que as mulheres abandonaram as áreas rurais e migraram para trabalhar nas cidades, em fábricas e empresas de diversos segmentos. O setor de produtos para exportação foi um dos maiores impulsos da economia sul-coreana, porém, pouco se fala sobre a influência feminina nesse crescimento, mesmo que as mulheres tenham sido essenciais para isso.

Apesar da misoginia arraigada, o número de mulheres formadas na Coreia do Sul vem aumentando cada vez mais. Embora o número de alunos homens que são encaminhados para faculdades seja alto em comparação a diversos outros países, o número de mulheres que terminam o curso de graduação e se formam é maior.

O domínio das mulheres é grande em diversos setores, como o econômico, de ciências e até em áreas como engenharia e construção, que geralmente são dominadas por homens. Dados do Ministério da Educação coreano apontam a supremacia da mulher no mercado de trabalho há mais de três anos. Quer um exemplo de mina no poder? Que tal Lee Mi-Kyung, fundadora do maior conglomerado de mídia da Coreia do Sul e membro-fundadora do clã Samsung (sim, da marca de smartphones e eletroeletrônicos).

MEU CORPO, MINHAS REGRAS!

As mulheres sul-coreanas protagonizaram, em 2015, um movimento chamado Escape The Corset (ou, "fuja do espartilho", em tradução livre para o português). Foi uma verdadeira rebelião digital contra os padrões de beleza da sociedade sul-coreana. Elas gravavam vídeos nas quais destruíam seus itens de maquiagem e apelavam a cortes mais curtos para os cabelos, em protesto à pressão de estar sempre "perfeita".

Algumas das personagens desse movimento deram entrevistas para grandes veículos de comunicação sobre o que motivou sua decisão. Lembramos (com carinho) de Cha Ji-Won, uma mina INCRÍVEL que falou abertamente sobre a sensação de renascer quando decidiu largar a rotina de dez passos de cuidados diários com a pele e mudou seu corte de cabelo para o que a gente geralmente chama de "estilo tomboy", ou seja, uma aparência considerada menos "feminina". Ela disse que gasta menos de 10 dólares em produtos cosméticos – só um hidratante de pele e um de boca bastam – e decidiu abrir um canal no YouTube para espalhar a palavra do feminismo e da liberdade feminina para outras mulheres! O nome do canal é Korean Womyn, mas, infelizmente, está todo em coreano :((mas aproveite para ver o conteúdo da Ji-Won, se você conseguir entender e ler em *hangul* ^^).

O #EscapeTheCorset cresce na Coreia do Sul num contexto de luta constante para que as mulheres não se sintam obrigadas a gastar valores surreais em cosméticos e tratamentos estéticos e investir horas do dia em maquiagem, não por vontade própria, mas por pressão social. Esse foi só um dos movimentos que surgiram nos últimos anos no país, que tem registrado taxas cada vez maiores de mulheres indo às ruas para protestar por direitos iguais, contra o assédio sexual e gravações ilegais em banheiros públicos, por exemplo (sim, isso acontece!).

Há alguns anos só se ouvia falar da tendência dos *Ulzzang*, que, em tradução livre, significa "o melhor rosto", e é usado para descrever um padrão com olhos grandes, lábios pequenos, nariz fino e pele branca – os traços mais aceitos socialmente por lá, como já falamos aqui. A palavra e a tendência se popularizaram com um concurso de fotos da rede social coreana, Cyworld, no qual internautas escolheram as fotos nesse "estilo *Ulzzang*". Algumas pessoas que aderiram ao estilo e se encaixaram nesse padrão quase impossível de beleza se tornaram famosas na internet, antes de despertar o interesse de agências de entretenimento por seus talentos artísticos: Goo-Hye Sun (atriz e cantora), Nam Sang-Mi (atriz), Park Han-Byul (modelo e atriz), Kang Eun-Bi (modelo, cantora e atriz), Kim Hye-Seong (ator e modelo), entre outros, com um número grande de seguidores e admiradores no mundo digital, antes mesmo de estrearem suas carreiras no show business.

NOTA DAS AUTORAS

Usar maquiagem jamais será o problema, viu, meninas? Além de todas as pautas políticas da luta pelo fim desse processo de opressão e violência e pela igualdade de gênero, o feminismo defende a liberdade feminina como a base de tudo. Você pode (e deve, se quiser!) usar maquiagem, cosméticos e, basicamente, fazer o que bem entender da sua vida e do seu corpo. E a gente tá aqui pra se apoiar!

Essa diva é a CL, ex-líder do 2NE1. Foi por conta dela que a Éri caiu no K-Pop, e é uma frase dela que abre o nosso *Manual de Sobrevivência*. Ela é tão inspiradora, que a Babi e a Éri tatuaram essa frase como um símbolo de sororidade, uma homenagem e um lembrete!

IDOLS GIRL POWER QUE AMAMOS

Ser mulher em uma sociedade completamente pensada para favorecer a figura masculina não é fácil, seja no Brasil, na Coreia do Sul ou em qualquer outro lugar do mundo (apesar das diferenças entre pautas particulares a cada região, e, claro, dos privilégios de cada recorte social, econômico e racial). Mas se 2019 foi o ano de decepção com os *oppas* – idols masculinos –, as minas da cena nunca deixaram a peteca cair, sendo fontes de inspiração e exemplo de empoderamento feminino por saírem dos padrões, falarem abertamente sobre o que querem, ou simplesmente viverem a sua vida sem pedir permissão e nem desculpas para ninguém. Que tal enaltecer as minas da Hallyu que a gente admira? A nossa listinha não é pequena, mas a gente queria poder ter mais espaço para falar de várias outras por aqui!

Algumas delas são:

HYOLYN: Kim Hyo-Jung nasceu em 1990 e é cantora, dançarina e musa, agora chefe de si mesma e proprietária da Bridge, sua própria empresa de entretenimento. Ela foi a líder do grupo Sistar, que já deu disband, mas que foi um dos maiores grupos femininos da Coreia, marcado por músicas e conceitos sexy e por suas integrantes serem consideradas as rainhas dos comebacks de verão. Hyolyn tem um vozeirão e sempre teve um corpo mais volumoso para os padrões da Coreia do Sul.

CL: Originalmente Lee Chae-Rin, CL é cantora, compositora, atriz, rapper e eternamente líder do grupo 2NE1, que deu disband em 2016. CL sempre lutou contra o padrão da indústria da beleza coreana, que considerava o grupo "feio", por fazer sempre performances marcantes e cheias de feminismo. Enquanto solista, CL lançou, em 2013, o single "The Baddest Female" (literalmente, "a mulher mais malvada"), seguido do single "Hello Bitches", em 2015, que trouxe agressividade e empoderamento, tanto na coreografia quanto na letra da música, o que não é comum na indústria coreana.

LEE HYORI: Uma das solistas mais bem-sucedidas da Coreia, nascida em 1979, a cantora iniciou sua carreira em um grupo da primeira geração do K-Pop chamado Fin.K.L, tendo continuado como solista, apresentadora e modelo. É hoje uma das mulheres mais bem-pagas do entretenimento coreano! Ela atualmente mora em uma fazenda no interior e lança singles quando bem entende. Realeza mesmo!

JESSI: Jessica Hyun-Ju Ho nasceu em 1988, em Nova York, e cresceu em Nova Jersey, mudando-se para a Coreia do Sul aos 15 anos de idade. Ela é rapper e cantora, tendo passado por algumas empresas de entretenimento. Hoje está na P NATION, a empresa criada pelo rapper PSY. Jessi, como mulher no universo do Hip-Hop coreano, enfrenta muitos desafios, e participar do *Unpretty Rapstar* foi um deles, embora o programa tenha mostrado ao público seu talento e a tenha colocado em uma posição de respeito perante outros rappers. Antes do sucesso, enquanto estava ainda se acostumando com a cultura coreana, Jessi acabava dormindo em saunas por falta de dinheiro para poder se manter no país. Hoje fala abertamente sobre suas dificuldades e sobre suas experiências com cirurgias plásticas.

HYUNA: Nascida em 1992, Kim Hyun-Ah foi parte, por anos, do grupo 4Minute e também da formação original do Wonder Girls. Seu MV de "Bubble Pop!", como solista, mantém recorde na categoria com milhões de visualizações no YouTube, embora ela seja mais conhecida mundialmente pelo MV de "Gangnam Style", do PSY. Hyuna também é protagonista de um dos maiores momentos de ruptura dos padrões para idols na Coreia: em 2018, assumiu publicamente o namoro de mais de dois anos com o ex-membro do grupo Pentagon, E'Dawn, o que levou os dois a saírem da sua antiga empresa, Cube Entertainment, e hoje estarem juntos na P NATION, criada por PSY. Suas postagens frequentes nas redes sociais mostram que ela se sente mais livre e que seus relacionamentos, com o namorado e consigo mesma, estão cada vez melhores.

BOA: Kwon Bo-Ah nasceu em 1986 e é, hoje, uma das mulheres mais influentes do mercado musical da Coreia do Sul, sendo acionista da SM Entertainment, além de ícone do K-Pop desde o início da sua carreira. Ela começou em 2000, com 14 anos, e dois anos depois se tornou a primeira estrela do K-Pop a debutar no Japão, depois da queda de barreiras que impediam a importação e exportação de entretenimento entre os dois países desde o fim da Segunda Guerra Mundial. Para uma menina de 16 anos, sozinha e sem muita estrutura, ela conta que foi uma época muito complicada e solitária. Em 2008, BoA estreou nos Estados Unidos com o single "Eat You Up", que ficou em

TUDO O QUE VOCÊ AINDA PRECISA SABER SOBRE A CULTURA POP COREANA primeiro lugar na Billboard Hot Dance Club Songs, sendo a primeira solista feminina da Coreia a entrar nas paradas da Billboard. Sua carreira é repleta de sucessos e recordes, e não é à toa que ela é chamada de "rainha do K-Pop".

SUNMI: Lee Sun-Mi nasceu em 1992 e é uma das solistas mais bem-sucedidas da Coreia, popularmente conhecida por ter feito parte do grupo Wonder Girls. Em 2013, foi lançada como solista, a primeira da JYP Entertainment, com o lançamento de *24 Hours*. Hoje, já em outra empresa, tem singles de extremo sucesso, nos quais, normalmente, ela se envolve na criação das melodias e das letras, que  sempre falam sobre empoderamento e poder feminino, fazendo críticas à sociedade coreana. Sunmi tem se mostrado cada vez mais inclusiva, tendo, aliás, mostrado apoio à comunidade LGBTQI+ durante um de seus shows pelos Estados Unidos.

GAIN: A cantora, nascida em 1987, foi parte do grupo Brown Eyed Girls, que em si já tem um histórico de empoderamento em suas músicas e MVs, falando sobre feminismo e sororidade. Em sua carreira solo, Son Ga-In mostrou ainda mais seu lado sexy, sem se importar com as críticas do mercado conservador, trabalhando também nas próprias letras e falando frequentemente sobre sexo, abusos e relacionamentos tóxicos. Gain também ficou famosa internacionalmente depois de participar do MV de "Gentleman", do PSY.

NADA: Yoon-YeJin, mais conhecida como Nada (ou Nasty Nada, após sua icônica apresentação na terceira edição do programa *Unpretty Rapstar*), nasceu em 1991 e já dava o que falar desde seu debut no grupo WA$$UP. Nasceu na Coreia do Sul, mas todos achavam que ela era estrangeira por ter a pele morena. Além de ser julgada por se assumir dona de seu próprio corpo e rebolar bastante nas apresentações do grupo, também era considerada acima do peso, fora dos padrões de beleza das idols, mesmo sendo, pasmem: magra! Nada ficou em segundo lugar na competição de rappers do *Unpretty Rapstar 3* (opa! Spoiler!), saiu do grupo WA$$UP e fundou sua própria gravadora, a Ground Zero. Nada já veio duas vezes ao Brasil, em 2018 e 2019.

Quando Nada gravou o podcast #KPAPO com a Babi e a Érica, em 2019, falando sobre como é ser uma mulher do Hip-Hop na Coreia.

CRÔNICA DA SOL:
A COREIA DOS MEUS 20 ANOS

A última leva de neve de 2017, quando eu tinha 20 anos, caiu em fevereiro. Eu estava andando pelas ruas de Nonhyeon-dong, quando a neve começou a cair, a caminho de uma cafeteria onde encontraria um amigo. Achei encantador como ainda era possível ver flocos de neve em um clima menos frio que o que tinha experimentado nos meus últimos invernos em São Paulo. Os invernos em Seul são frios, mas não tão assustadores para quem conhece os dias mais frios de São Paulo.

De fato, as sensações das quatro estações do ano na Coreia do Sul não diferem muito das estações no Brasil, com exceção do verão, que aqui é mais úmido e abafado, e da primavera e o outono, que podem ser percebidos pelas cores das folhas das árvores.

Voltando às ruas de Nonhyeon-dong, confesso que pude construir uma das mais belas e extravagantes memórias naquele exato inverno – memórias que, com certeza, guardarei pelo o resto da minha vida –, e ir mais além. Lembranças estas que um dia poderei compartilhar com mais detalhes, se o mundo também quiser.

A Coreia dos meus 20 anos foi o lugar mais propício no qual meu corpo e minha alma poderiam, literalmente, existir, para viver a maior felicidade do mundo. Reencontrei meu primeiro amor – que felizmente se trata do homem do meu primeiro e único relacionamento –, aprendi a ser independente, ou melhor, a depender apenas de mim mesma e, ao mesmo tempo, aprendi a amar e a dar valor a cada pessoa da minha família e a cada pessoa que passei a considerar parte da minha família. Nonhyeon-dong, esse bairro na província de Gangnam (sim, aquela da música do PSY!), é, ainda hoje, um dos bairros de toda a Coreia do Sul do qual tenho mais lembranças e, portanto, mais carinho.

Aos 20 anos, passei em torno de seis meses morando no bairro de Seongsu-dong, "sozinha" em um apartamento de três quartos enorme. Juro que morria de medo de estar naquele apartamento nas noites de verão, quando começa a estação de chuvas na Coreia. Mas, apesar dos pesares, se me dessem a chance de voltar para algum momento do passado, eu realmente escolheria voltar para os meus 20 anos ou para a minha infância em Santiago, no Chile.

Numa ocasião, fui ao Lago de Seok Cheon (*Seok Cheon Hosu*) no fim da primavera e pude observar e apreciar os momentos finais da vida das flores de cerejeira na Ásia. E, quando o verão chegou, subi a chamada Montanha do Sul (Namsan), onde está a querida Seoul Tower, para contemplar o entardecer da cidade. Me lembro de cada experiência de maneira única e especial, e de forma viva e clara, como se a tivesse vivido há poucos segundos. Creio que coisas boas não desaparecem, sobretudo, para quem está nos baixos mais baixos da vida logo após os altos mais altos da vida.

NOSSO MURAL DE FOTOS

Nós três – Babi, Érica e Sol – trabalhamos com K-Pop há muitos anos e tivemos dezenas de experiências, tanto como fãs quanto no backstage de shows e eventos de K-Pop e de cultura coreana. Entrevistamos idols, produzimos shows, apresentamos eventos, concursos, trabalhamos como intérpretes, entre muitos outros papéis que ainda fazem parte das nossas vidas. Esse pequeno mural é uma lembrança de momentos incríveis que passamos e que queremos relembrar como parte das nossas experiências nesse universo, que nos trouxe até aqui.

40 COISAS QUE EU APRENDI TRABALHANDO COM K-POP NO BRASIL!

por Babi Dewet

■ Se você quer trabalhar com K-Pop, inclusive com shows, é importante ter alguma formação em produção, eventos ou algo relacionado a essa área e/ou ter experiência. Um grande erro é pensar que fazer um show de K-Pop é fácil e que tudo é lindo.

■ Entrevistar os idols de K-Pop é mais difícil do que parece! Não tem como não ficar nervoso. Até hoje não conheci ninguém que não tenha ficado, mesmo porque existe sempre o choque cultural, que é muito grande. Você sempre sai da entrevista sabendo que poderia ter feito melhor.

■ Não vá trabalhar com K-Pop achando que vai ficar rico ou que isso vai te dar dinheiro, ainda mais no Brasil. Talvez depois de muitos anos e com nome consolidado no mercado. É muito mais comum você acabar pagando pra trabalhar e gastando todo seu dinheiro em álbuns (HAHA).

■ A Hwasa do MAMAMOO foi um dos idols mais gentis com que eu trabalhei e a que teve a maior preocupação em aprender português e conversar com a equipe, saber como estávamos etc. As outras garotas eram um pouco mais tímidas, mas ainda assim carinhosas e educadas. <3

■ Às vezes, seu grupo ou idol favorito quer MUITO vir pro Brasil, mas não consegue. A distância é um problema, porque atrapalha a agenda deles de trabalho na Coreia, e encontrar uma boa data é MUITO DIFÍCIL, além do fato de o mercado brasileiro não ser um foco pra Hallyu – pelo menos não ainda.

■ As produtoras (coreanas e brasileiras) separam grupos de K-Pop em A, B e C de acordo com sua popularidade, e isso influencia DEMAIS em valores de cachê e exigências dos artistas, por exemplo. O cachê de muito grupo A já passa da casa do 1 milhão de dólares.

■ Há grupos e idols de K-Pop da lista A que têm cachês maiores do que astros da música pop norte-americana, como a Madonna ou a Beyoncé.

■ É MUITO DIFÍCIL investir em uma turnê nacional com um grupo de K-Pop, pois mesmo a própria locomoção dentro do Brasil é muito cara, e esses valores acabam sendo mais altos do que os dos lucros com ingressos e patrocínios. Além disso, cada show tem um cachê; a conta raramente fecha.

■ Alguns idols têm exigências para camarim, como marcas específicas de água, tipos de comida, eletrodomésticos, tamanhos exatos de araras de roupas e quantidades de cabides.

■ Alguns idols usam *teleprompter* no palco em shows ou *fanmeetings* com instruções pras brincadeiras ou coisas que eles deveriam fazer ou falar. E é natural que se tenha um roteiro organizado de tudo, para garantir que nada vai dar errado.

■ Existem grupos de idols que vêm da Coreia com o triplo do número de membros como equipe de produção. E todas essas passagens são pagas pela produção brasileira. Por isso, é muito difícil que preços de ingressos sejam mais baixos do que os que temos no mercado.

■ Os grupos menores de K-Pop gostam muito de vir pro Brasil (e até facilitam a negociação, às vezes), porque essa é uma forma de adquirirem experiência e destaque, já que o mercado coreano é muito concorrido. Ter uma turnê mundial na agenda é sinônimo de status.

■ A entrevista com um idol de K-Pop que eu fiquei mais nervosa em gravar foi a com o SF9, em 2018, porque é um dos meus grupos favoritos. Eles foram gentis e divertidos, mas eu não parava de tremer, e isso nunca tinha acontecido antes!

■ No primeiro show de K-Pop em que trabalhei como parte da equipe de produção, eu passei a manhã do dia do show inteira rodando o centro de São Paulo atrás de uma arara e de um ventilador pro camarim.

■ Antes de trabalhar com shows de K-Pop, eu já tinha atuado com produção em um dos shows do Justin Bieber no Rock in Rio, de vários artistas do cenário underground do rock carioca, entre outros. Foram anos de experiência pra que hoje eu tenha ideia do que estou fazendo.

■ No Brasil, a gente tem problemas com tamanhos de casas de shows para grupos diferentes. Ou as casas de shows são grandes demais ou pequenas demais. Isso também influencia na escolha de locais para shows e *fanmeetings* em alguns estados, por exemplo.

■ O Jeup do Imfact cismou que eu era rica só porque sou escritora – na Coreia isso é uma realidade. Tadinho. Os garotos do grupo, inclusive, são alguns dos artistas mais humildes e carinhosos com que já trabalhei. Adoraram caipirinha, pão de queijo e viviam no celular.

■ Os grupos acompanham todas as coisas que os fãs falam e postam na internet, não importando em que idioma (só queria avisar isso, hahaha), e comentam entre si, além de assistirem a stories, traduzirem tweets, verem fotos etc. Inclusive, às vezes, comentam essas coisas com a equipe.

■ Eu já fiquei quatro dias direto sem dormir (pra ser sincera, cheguei a deitar por 30 minutinhos) durante a produção de um show. Normalmente, a produção precisa estar à disposição da equipe coreana. Mas isso não impede que, às vezes, os idols escapem sozinhos para irem ao McDonald's (HAHA).

■ Certa vez, um idol passou TÃO MAL depois de se entupir de churrasco em uma churrascaria que não pôde fazer um passeio pela cidade e precisou ir para o hotel tomar remédio e descansar. Eles normalmente piram com a variedade de carnes que a gente tem nos rodízios!

■ É comum os grupos pedirem quartos de hotel compartilhados entre eles, ou, às vezes, para uma dupla, em vez de dormirem sozinhos.

■ Produzir um show de K-Pop (ou qualquer outro) não é ficar perto dos artistas – a não ser que você seja do cenário artístico. Já carreguei muita mesa e cadeira, organizei fila, varri camarim, dormi em aeroporto esperando equipe etc. Não é esse glamour que todo mundo pensa que é!

Dormindo no aeroporto depois de algumas horas esperando artistas chegarem!

arquivo da autora

■ Outros países da América Latina já tinham histórico com o K-Pop antes do Brasil, e por isso eles têm mais público e estrutura pra bancar shows. Há, inclusive, dramas coreanos sendo exibidos nas TVs de alguns países, por exemplo.

■ Não é que as produtoras brasileiras "não se arriscam" pra trazer os grupos grandes, gente. Alguém inventou isso e tá todo mundo repetindo. Tem muita produtora atrás desses grupos, mas sem obter sucesso nas negociações, por diversos fatores – mas nenhum deles é falta de vontade ou de fãs.

■ Uma vez, um fã apertou a bunda de um idol durante um *fan event*, e o rapaz ficou tão em choque que o evento quase teve que ser cancelado. Por isso, é importante a gente discutir assédio e falta de respeito nesses contextos. Nesse caso, felizmente ficou tudo bem.

■ Quando um staff do show ou o MC derem instruções de como você deve se comportar em meetings (com orientações do tipo "NÃO ABRACE"), é importante dar ouvidos. São instruções de segurança básicas e obrigatórias exigidas pela equipe coreana e pelo bom senso. Dar uma de esperto é ruim pra todos.

■ Entrevistar as meninas do Dreamcatcher foi incrível, porque elas são divertidas e atenciosas. Por trás das câmeras, elas sempre se preocupavam em conversar com a equipe de filmagens, e amaram tanto o guaraná que beberam uma garrafa inteira! Além disso, o inglês delas é muito bom!

■ Já tivemos que cancelar uma negociação por aqui de um grupo que eu AMO, porque quando o rider técnico (uma lista com instruções de palco e técnica) chegou, seu cumprimento

Babi e as integrantes do Dreamcatcher.

era inviável para nós (entre os itens, tinha escada de cinco metros, palco móvel etc.), e o gasto seria muito mais alto do que a arrecadação com a venda de ingressos.

■ Já aconteceu de idols de K-Pop pedirem pra equipe levá-los a um barzinho, balada etc. pra conhecerem como é. Aliás, já levamos um deles, de chinelo, pra tomar caipirinha na Paulista de madrugada, porque ele queria saber como era.

■ É comum que os idols de K-Pop façam exigências de comida coreana para as refeições diárias quando vêm pra cá. Eles raramente comem comida ocidental; a maioria não gosta.

■ Na maior parte das vezes, os idols de K-Pop são acostumados, na Coreia, a ter alguém fazendo tudo por eles. Então, o choque cultural aqui é grande, com produtores que não entendem como funciona a indústria de lá. Há grupos que não pedem comida, mesmo morrendo de fome, se você não oferecer.

■ Os gastos para fazer um show de K-Pop são enormes! Tudo custa dinheiro: desde a casa de shows, que não sai por menos de 30 mil, até as grades de barricada, água pra staff, equipamentos técnicos, impostos governamentais e de órgãos artísticos (que são superaltos!) etc.

■ Às vezes, é bom lembrar que você pode sair de intrometida em fotos dos artistas, e vai poder guardar umas pérolas como a foto que tenho almoçando com o Lunafly e com a JeA do Brown Eyed Girls (de quem eu era muito fã, haha). Porque foto MESMO com os artistas a gente nunca lembra ou pensa em tirar.

arquivo da autora

■ A realidade é que todo show que é cancelado ou não dá certo (por razões como pouco público etc.) significa algo ruim pra imagem do Brasil com as produtoras coreanas. Prejudica até mesmo a vinda de grupos grandes pra cá. No fim, a galera querendo ou não, o mercado do K-Pop é um só, e esse tipo de coisa se espalha.

■ Já aconteceu da gente precisar mudar o assento do avião do artista em cima da hora por ter descoberto que uma *sasaeng* (termo coreano para "fã stalker") estava vindo da Ásia no mesmo voo e que tinha comprado a cadeira ao lado do idol!

■ É MUITO difícil levar grupos grandes para shows no Nordeste ou Norte do país, por exemplo, por questões de logística e locomoção mesmo. Normalmente, esses grupos vêm com equipes coreanas ENORMES (tipo umas cem pessoas), então é inviável se deslocar tanto pelo Brasil.

■ Já trabalhei com idols que a gente tinha que levar até o banheiro do evento e vistoriar cada canto, porque aconteceu de fãs ficarem escondidas sentadas em cima dos vasos esperando os idols entrarem.

O Junsu, ícone do K-Pop, parte do grupo JYJ e ex-TVXQ, esteve no Brasil em 2012, para um show super pequeno e intimista. Na Ásia, ele lota estádios!

■ Tem muito grupo que é MEGA famoso na Ásia e que não encheria um show por aqui ou em outros países, ou que o cachê é tão alto que não vale a pena arriscar. Isso é natural, porque tem empresa que não visa o mercado internacional, e isso é ok também. Cada um tem sua estratégia.

■ Outra coisa que é bom repetir: não é a empresa de entretenimento coreana que paga os gastos pra um grupo de K-Pop vir pro Brasil. Tudo é pago pela empresa contratante, do cachê à comida. O "prejuízo" pras empresas coreanas é, no máximo, o que elas podem deixar de ganhar no tempo durante o qual os idols estão aqui.

■ Mais do que julgar uma empresa novata que está tentando trazer artistas de K-Pop pro Brasil, verifique a credencial das pessoas que trabalham nessa empresa! Todo mundo começa do zero, mas QUEM SÃO essas pessoas? O que elas estudaram? Qual a experiência delas? Isso é muito importante para não cair em golpes e em shows que podem ser cancelados por falta de profissionalismo. Fiquem atentos e, como fãs, se comuniquem!

CRÔNICA DA SOL: TRINTA E QUATRO HORAS COM AS ESTRELAS

Me peguei pensando que muitas pessoas que sonham em conhecer o país da Hallyu também sonham com a longa viagem do Brasil até a Coreia do Sul. Gostaria de dizer que essa é uma lembrança glamorosa, para poder alimentar esses sonhos, mas esse período entre aviões e conexões diz mais respeito ao que se passou dentro de mim, do que a tudo o que se passava do lado de fora.

Lembro que demorei quase 34 horas para ir de São Paulo a Seul, há pouco mais de um ano. As viagens de avião para o outro lado do mundo não são tão agradáveis. Ficar presa naquele assento sem poder se mexer com facilidade é horrível, e ter que pedir licença para a pessoa do seu lado para poder ir ao banheiro se você está sentada do lado da janela, também é péssimo.

Não pretendo dar dicas de como ter uma viagem de avião confortável, porque isso as lojas de almofadas para pescoço fazem melhor do que qualquer um. Quero apenas compartilhar um pouco das minhas experiências (e talvez te preparar para o nosso próximo assunto deste livro).

Durante as longas horas dentro do avião, escrevi mais de dez páginas do meu diário. E depois, já em Seul, gastei muito mais de dez páginas para contar como foi o meu dia dentro do avião.

Enquanto escrevia, descobri que, quando não se tem nada para fazer, além de escrever um diário, a gente acaba achando interessante – e até importante – algumas coisas que teriam passado despercebidas em outros momentos.

"A aeromoça não me acordou para a hora do almoço, ou do jantar, e eu soube disso porque o senhor sentado ao meu lado está com a caixinha de salada e o garfo que entregam nas refeições."
(trecho do diário, março de 2018).

E, se perguntarem por que não parei para assistir aos filminhos do avião, esclarecerei que a tela do meu assento não estava funcionando. Mas o avião estava cheio, e não tinham como me oferecer um outro assento. Por sorte, estava com dois livros na minha bagagem de mão: *Quem pode amar é feliz*, de Hermann Hesse, e *Norwegian Wood*, de Haruki Murakami. Eram dois livros que eu já tinha lido anos atrás, mas pretendia reler. Consegui terminar ambos antes da parada única em Dubai.

Ainda penso que, quanto mais distrações nessas longas horas sem fazer nada, **melhor é para a nossa saúde mental**. Após a parada em Dubai, no segundo trecho da viagem, minhas únicas opções eram dormir, pensar na vida, ou fechar os olhos e tentar limpar a mente. Fiz as três coisas. **Mas a segunda foi a que quase acabou comigo...**

PRECISAMOS FALAR SOBRE SAÚDE MENTAL

[AVISO DE GATILHO]

As próximas páginas contêm conteúdo sensível sobre temas como depressão, transtorno de ansiedade e... suicídio. Sabemos o peso que as palavras podem ter, mas entendemos que certos assuntos precisam ser discutidos para que a sociedade possa tratá-los com mais carinho e atenção, até porque não falar sobre algo apenas pelo incômodo que esse assunto pode trazer não faz com que ele deixe de existir. Em um mundo onde tudo acontece em alta velocidade, precisamos conversar mais sobre o que sentimos, além de prestar mais atenção no próximo e cuidar dele da mesma forma que devemos cuidar de nós mesmos.

Se o K-Pop conectou milhões de pessoas, fazendo ou consumindo arte, é nosso dever abrir e intensificar certas discussões para que algo que nos salvou e nos deu um propósito quando nada mais fazia sentido não se torne algo tóxico, nocivo, sabe?

Mesmo assim, a gente reforça que **nada é mais importante do que a saúde mental**. Se esse papo aciona qualquer gatilho que possa te deixar mal, não hesite em pular para o próximo capítulo e ler algumas mensagens motivacionais de idols que admiramos por seus posicionamentos e por nos servir de inspiração. Esse conteúdo sempre vai estar por aqui, pronto, mas só quando você estiver também. :)

> "No mundo todo, o suicídio é estigmatizado e condenado, por razões religiosas ou culturais. Em alguns países, o comportamento suicida é uma ofensa criminosa punível por lei. Dessa forma, o suicídio é, com frequência, um ato secreto e rodeado por tabus, que pode passar despercebido, erroneamente ou deliberadamente escondido em registros oficiais de óbito."
> — Organização Mundial da Saúde, 2002

MAS O QUE É A DEPRESSÃO?

Por definição, "depressão é uma doença psiquiátrica crônica e recorrente que provoca alterações de humor caracterizadas por tristeza profunda e forte sentimento de desesperança".

São mais de 350 milhões de pessoas no mundo todo atingidas por essa "doença invisível", que, ao contrário do que a sociedade considera, é realmente INCAPACITANTE. Ou seja: mesmo sendo algo que acontece dentro da mente, do cérebro, ela também se reflete no corpo e na saúde física.

Os quadros depressivos podem (e vão) ser de diferentes graus de intensidades e duração (leve, moderado ou grave), variando de paciente pra paciente. Como sabemos (infelizmente, por experiência própria das autoras), ela também pode atingir crianças e adolescentes.

A depressão não tem uma única causa. Pode ser desencadeada por fatores genéticos (desequilíbrio bioquímico do cérebro), ou até mesmo devido a gatilhos externos que dão início às crises, como traumas, estresse, doenças de outros sistemas do corpo humano – especialmente, hormonais – consumo de drogas lícitas e ilícitas e até de alguns tipos de medicamentos mais pesados usados para tratar outras doenças.

Os sintomas são inúmeros e envolvem fatores como distúrbio de sono, perda constante de energia, sentimento de culpa ou de que você não é suficiente, autoestima baixa e muitos outros (MUITOS MESMO). O diagnóstico da depressão precisa ser feito de forma clínica e leva em conta não só os sintomas, mas o histórico de cada pessoa.

É muito importante que, depois do diagnóstico clínico da depressão, seja feito um acompanhamento médico constante e completamente personalizado, pois cada caso é um caso. Não é só porque você conhece alguém com depressão que faz tratamentos psicoterápicos com uso de medicamentos que você também vai fazer uso dos mesmos medicamentos. Ainda existem evidências e pesquisas que comprovam que não só com os remédios prescritos, mas também a associação do tratamento psicológico e psicoterápico a atividades físicas são um grande trunfo para um indivíduo sair de um quadro depressivo.

Quanto mais cedo a depressão – e tantas outras doenças psiquiátricas e distúrbios psicológicos – for diagnosticada, melhor para o tratamento e para o paciente. A real é que, apesar do tabu, a gente entende que fazer terapia para entender e lidar com nossos sentimentos (sejam eles positivos, negativos, frutos de uma doença psiquiátrica ou não) deveria ser algo supernormal pra todo mundo. E não hesite em procurar ajuda médica, não importa em qual fase da vida você esteja, seja você jovem ou mais velho. Se informe, peça ajuda, pois você não está sozinho(a). <3

Caso você conheça alguém com depressão e nunca teve contato ou não sabe lidar com a doença, existem alguns passos simples que podem ser seguidos para que você faça parte de uma rede de apoio saudável, e não da grande parcela de pessoas que contribuem para a manutenção do sentimento de culpa de quem está doente:

▶ Nunca, JAMAIS, fale para alguém com depressão que o que ela sente é um exagero;

▶ Também não compare os sentimentos dessa pessoa – algo que ela desabafou com você, provavelmente como um pedido de ajuda – com os problemas dos outros, com o típico "todos nós temos problemas";

▶ Apesar de ser difícil essa coisa toda de lidar com suas próprias dificuldades e lutas, é sempre importante se lembrar de tratar o próximo com carinho e empatia, porque o clichê de ninguém saber a batalha interna que cada um trava todos os dias é real. E para pessoas com depressão, essa batalha vem acompanhada de um peso extra.

De novo (vamos repetir, pra fixar bem!): é importante entender que a depressão não é uma tristeza que "vai passar logo", causada por motivos óbvios, por alguma situação ruim da vida, mas uma doença incapacitante que atinge 350 milhões de pessoas no mundo (!!!).

E se você está se sentindo constantemente triste "sem motivos", se sentindo desesperançoso e até com pensamentos destrutivos, por favor, procure ajuda! Você pode entrar em contato com o Centro de Valorização da Vida (CVV), que oferece apoio emocional e prevenção ao suicídio sob total sigilo 24h por dia. É só ligar no 188 ou falar pelo chat, que pode ser acessado no site https://www.cvv.org.br/.

VOCÊ NÃO ESTÁ SOZINHO (A).

> **VAMOS AOS DADOS?**
>
> Em estatísticas ligadas à saúde mental publicadas pela OCDE (Organização para Cooperação e Desenvolvimento Econômico) em 2018, a Coreia do Sul está em:
> 2º lugar na lista de países com maior taxa de suicídio no mundo;
> 1º lugar na taxa de hospitalizações por doenças mentais entre os países da OCDE.

AS DOENÇAS PSIQUIÁTRICAS NA COREIA DO SUL

Antes de falar sobre saúde mental no K-Pop, precisamos dar alguns passos para trás – voltar um século, pra sermos mais exatas – e entender alguns pontos na história que contribuíram para que a Coreia do Sul chegasse ao ponto de ocupar preocupantes posições nas taxas de suicídio de diversas organizações intergovernamentais.

Segundo a obra de Sung Kil Min e Yeo In-Sok, intitulada *Mental Health in Korea: Past and Present*, publicada em 2017, que trata da psicologia internacional e cultural (e traça um panorama da saúde mental em diferentes momentos da Coreia), uma das principais contribuições para que o estigma em torno da saúde mental fosse construído socialmente no país aconteceu durante a ocupação japonesa, lá pela década de 1910. Nessa época, médicos missionários lideraram a mudança no cuidado com a saúde mental dos curandeiros xamânicos e da medicina tradicional coreana para hospitais psiquiátricos patrocinados pelo governo japonês. Essas instituições de saúde eram, em sua maioria, locais bem desumanos para os pacientes e contavam, inclusive, com procedimentos de isolamento social das pessoas internadas.

> **O QUE É ESTIGMA?**
>
> No sentido figurado, "estigma" é a palavra usada para definir algo indigno, sem honra ou com reputação ruim. Quando falamos de estigma social (como nesse assunto todo de saúde mental), o conceito de estigma está relacionado a "um grupo ou indivíduo que segue o oposto das normas culturais tradicionais de uma sociedade". Então, se algo não cabe na caixinha do padrão cultural ou social, é tratado como um estigma.

O problema do estigma é o quão fundo ele consegue se enraizar no entendimento das pessoas sobre algo. Ou seja, a sociedade ensina que alguma coisa é, sem dúvida alguma, algo negativo, então qualquer coisa relacionada ao assunto estigmatizado acaba sendo ignorada ou julgada, sem que ao menos se amplie a discussão do porquê daquilo ser errado nem se chegue a conclusões de como resolver tal problema. Quando estigmas negativos são atrelados à depressão, por exemplo, é feita a relação com as taxas elevadas de doenças mentais (psicológicas ou psiquiátricas) e sintomas muito mais graves que acompanham essas doenças, em vários estudos.

No que diz respeito à saúde mental, o estigma negativo, na Coreia do Sul, está diretamente ligado à ideia de uma personalidade fraca, além do que a gente conhece aqui no Brasil como "corpo mole". O ideal que tanto nos inspira na cultura sul-coreana, construído em cima do trabalho duro e da dedicação ao trabalho, quando aplicado sem moderação, acaba sendo um dos argumentos mais fortes para sustentar o preconceito com pessoas que precisam viver com distúrbios psiquiátricos. Em uma cultura influenciada diretamente pelo Confucionismo (lembra que falamos um pouco dessa herança milenar vinda da China aqui e no *Manual de sobrevivência?*), a ideia de que o nome da família – e, claro, a honra desse nome – está acima do indivíduo leva as pessoas a terem medo de procurar ajuda especializada, já que o estigma seria atribuído à família como um todo, e, na visão da sociedade, ter assumidamente problemas de saúde mental é desvalorizar esse nome.

Pela lei sul-coreana, é proibida qualquer discriminação sobre condições de saúde mental, mas a falta de punição nesses casos de preconceito acaba deixando espaço para essas práticas. Além do estigma da fraqueza, entre outros fatores que podem contribuir para uma verdadeira epidemia de doenças mentais, são citados:

> ▶ O alcoolismo e os distúrbios ligados ao consumo do álcool;
>
> ▶ O estresse;
>
> ▶ A pressão social (pela excelência acadêmica, por padrões de beleza);
>
> ▶ A exclusão social;
>
> ▶ O bullying.

A sociedade sul-coreana é muito competitiva, funcionando ainda sob a lógica de que o trabalho duro deve ser prioridade e com um entendimento (ou podemos considerar como uma regra social?) de que se algo não está certo na vida das pessoas, é porque elas não estão se esforçando o suficiente no processo.

Essa verdadeira maratona de competição social começa muito cedo para os sul-coreanos: a vida acadêmica é definida em rankings de melhores e piores, nos quais os alunos acabam se tornando números em suas classes, escolas e distritos desde o primário, o que é um incentivo óbvio a essa busca eterna por ser melhor, sendo esse "melhor" definido por notas.

A competitividade para entrar no círculo de melhores faculdades do país também é pesada. É uma verdadeira honra compor o quadro de alunos das instituições que fazem parte do que os coreanos conhecem por SKY, um codinome para falar da Universidade Nacional de Seul, da Universidade da Coreia e da Universidade Yonsei. Concluir uma graduação em uma dessas três universidades é praticamente garantir uma boa colocação no mercado de trabalho logo de cara, além de grande status social.

> SKY é um acrônimo (um tipo de sigla) que comporta o nome das três grandes instituições de ensino superior da Coreia do Sul:
> — **S**eul University
> — **K**orea University
> — **Y**onsei University

Inclusive, foi em uma dessas instituições acadêmicas, a Yonsei, que topamos com um estudo sobre desenvolvimento social, conduzido em 2016. De acordo com dados fornecidos pelo estudo, no que diz respeito ao nível de felicidade entre crianças e jovens, a Coreia do Sul estava em último lugar (naquele ano) entre todos os países da OCDE.

Talvez tenha sido coincidência, ou dados como esse tenham causado um alerta real, mas, em 2017, houve um aumento de 7,7% em investimentos em projetos de saúde mental por parte do governo sul-coreano, somando um total de 48,2 bilhões de won (o que, em dólar, é algo equivalente a 42,5 milhões). Antes disso, em 2012, o governo sul-coreano dava um passo importante no caminho para o cuidado com a saúde mental e prevenção ao suicídio, com a inauguração do Centro Nacional de Cura da Juventude (National Youth Healing Center), sob o comando do Ministério da Igualdade de Gênero e Família. De lá para cá foram feitas algumas campanhas de saúde pública, com ações que incluíam nomes de celebridades e idols, para espalhar os programas de internação voluntária e auxílio à população.

Trabalhando em conjunto com iniciativas públicas, existem algumas entidades não governamentais com um papel importante na derrubada do tabu que permeia toda a ideia de cuidados com a saúde mental. Uma delas, a Associação de Proteção contra o Suicídio (Korean Association for Suicide Protection), promove o Programa de Saúde da Juventude, para encorajar a conversa segura e aberta com uma rede de apoio. O programa ensina técnicas dentro de quatro etapas: fale, pergunte, ouça e se mantenha seguro. É um estímulo para que as pessoas consigam desabafar sobre suas dores, sentimentos e pensamentos, sem medo de sofrer represálias motivadas por aquele estigma social de que tanto falamos no começo deste capítulo.

Mesmo assim, ainda rola uma lacuna na oferta de tratamentos no campo psicológico e psiquiátrico, em comparação a outros países.

IDOL TAMBÉM É GENTE

Quando o papo sobre saúde mental chega aos representantes da Hallyu (os idols de K-Pop, principalmente, e outras celebridades), existem alguns aspectos específicos da vivência deles que podem despertar ou piorar o quadro de alguma doença psiquiátrica. Os idols estão sujeitos a gatilhos que vêm de todos os lados: são desde comentários maldosos na internet, passando pelo afastamento da família, amigos e rede de apoio para se dedicar à agenda de compromissos MEGA apertada, até a pressão psicológica para manter uma imagem que as pessoas considerem ideal ou "perfeita".

Com tantas produções, treinamentos, holofotes, luzes, câmeras e ação, parece fácil esquecer que, por trás da persona artística, existe um ser humano, com vontades, sentimentos e defeitos também. O conceito de idol dentro da onda sulcoreana traz consigo o peso de um estilo de vida e um código de conduta muito específicos. Desde a primeira geração, quando a Hallyu e o K-Pop ainda engatinhavam e eram um fenômeno apenas local, essa etiqueta já era cobrada dos idols com muito rigor. A lista de deveres sempre andou lado a lado com a lista de proibições, com cobranças que partindo de todos os lados: da agência, da imprensa, dos fãs e da sociedade. Essa pressão lá começa cedo, assim como acontece com relação à vida escolar: um jovem com o sonho de se tornar o próximo grande representante do entretenimento sulcoreano busca uma agência para se tornar um trainee (todo esse processo está no capítulo "Máquina de fazer idols", no *Manual de sobrevivência*, corre lá!) e são longas horas de aulas de canto, dança, atuação, línguas, comportamento (!), antes da agência sequer pensar em formar um grupo com data certa de debut. Alguns ficam nesse ciclo por anos e anos, enfrentando duros comentários sobre suas performances e ouvindo críticas (nem sempre construtivas) sobre o que estão fazendo de errado. As meninas do 2NE1, por exemplo, sempre falavam como o Yang Min-Suck (ex-CEO da YG Entertainment) fazia questão de falar o absurdo de que elas eram feias sem maquiagem quando ele visitava algum ensaio ou passagem de som delas. Cai fora, né?

Como cada agência tem uma política própria de tolerância para "erros", muitos jovens aspirantes a idol podem ter suas atividades interrompidas caso a agência entenda que não existe evolução e aproveitamento do treinamento (que é bancado totalmente pela empresa). Basicamente, os trainees e idols novatos são investimentos de uma companhia e objetos de transações comerciais. O que é o sonho para uns, é (infelizmente) puramente um produto para outros.

E não vai achando que quando o debut vem as coisas ficam mais fáceis, viu? A competitividade entre os grupos e idols é absurda, já que são centenas de grupos debutando semanalmente. O espaço na TV e nas rádios sul-coreanas são extremamente cobiçados, e ganha quem tiver mais popularidade ou melhores conexões nos bastidores.

O FANDOM TAMBÉM ESTÁ DOENTE

Não são só os idols que precisam de autocuidado e atenção, mas o público também. No começo de 2019, a KOFICE divulgou uma estimativa de que existem mais de 90 milhões de fãs da Onda Hallyu no mundo. Pela nossa experiência, sempre compreendemos a sensação de pertencimento que integrar um fandom dá para as pessoas – e como é fácil para os "diferentões" se envolverem e se encontrarem por meio do K-Pop, não só por sua qualidade audiovisual, a moda, as letras para cada momento e a mistura de ritmos musicais, mas também pela chance de poder se inspirar em algo fora da caixa do que é considerado "comum" e capaz de a alma sem esforço mesmo sem haver nenhum reconhecimento pela linguagem, por exemplo.

Mas parece algo comum encontrar nos fãs internacionais um background de doenças psiquiátricas antes que o K-Pop chegasse para renovar as esperanças de algo melhor. Mas como nem tudo é arco-íris e glitter, conviver com outros fandoms e pessoas diferentes dentro do fandom do K-Pop, especialmente no mundo virtual, pode ser bem... complicado. As fanwars (guerras entre fandoms de artistas diferentes) são, infelizmente, algo muito comum nessa cena. Discussões no Twitter, por exemplo, têm uma tendência a escalar BEM RÁPIDO para ofensas pessoais quando as pessoas estão no calor da emoção de "defender a honra" dos seus idols favoritos.

Pensando em formas de melhorar toda essa vibe tóxica que muitos de nós passamos, temos algumas dicas para se manter saudável quando tudo parece hate na internet – embora a primeira delas seja procurar a ajuda de um especialista, um terapeuta ou psicólogo:

REDE DE APOIO

É megaimportante poder contar com pessoas para desabafar e nos lembrar do nosso valor. Você pode ser o centro das atenções de uma grande lista de amigos, ou não ir muito bem nessa de fazer amizades, mas, acredite, você não está sozinho(a). Procure alguém de confiança para desabafar e aliviar a cabeça do excesso de pensamentos. Pode ser os migos, alguém da família, um(a) crush, seguidores da internet com quem você troca uma ideia sobre os *bias* em comum, mas nunca nem viu pessoalmente, enfim. Pode ser difícil encontrar alguém de total confiança e a gente sabe que relações humanas são superdifíceis, mas sempre vai haver alguém com empatia e que se preocupa com você.

SIGA QUEM TE REPRESENTA

Nesse mundo digital, a gente segue uma galera que ficou conhecida como "digital influencer". Mas você precisa realmente seguir pessoas que não representam você e nem a sua realidade e, ainda por cima, engatilham sentimentos ruins e fazem você se odiar por não ser quem eles são ou por não levar a mesma vida "glamorosa" que eles? Esquece os filtros bonitos, os check-ins em aeroportos internacionais e os patrocínios de marcas de lip tint. Você não precisa desgostar de você mesma(o) e nem da sua vida para admirar alguém. Procure seguir pessoas que produzem um conteúdo positivo, ou que abordam temas que são importantes para você de forma clara e honesta. Quando a gente se vê representado em alguma figura de prestígio, poder ou popularidade, a gente lembra com mais frequência de que também somos capazes da mesma excelência, sabe? Representatividade importa, sim, inclusive no nosso feed. E essa escolha é só nossa.

PROCURE OUTRAS ATIVIDADES FORA DO K-POP

O K-Pop salva a gente, sim. É inspirador, colorido, puro amor! Mas não ajuda nossa saúde mental depositar todos os nossos esforços em consumir uma única coisa para ser feliz (e isso não vale só para o K-Pop, viu?). Tente ao máximo manter o equilíbrio e invista tempo em outras coisas que não sejam focadas em idols. Talvez um exercício físico, uma nova leitura, um jogo divertido ou um curso para arrasar na cara da sociedade. Pense nisso.

SE DESLIGA UM POUCO

E se, quando você perceber, estiver no meio de uma enorme treta de fandoms? E se rolar hate gratuito? E se o clima na internet estiver muito pesado por algum acontecimento que abalou as estruturas do K-Pop? Simples: se desligue. Está tudo bem (MESMO) você tomar um tempo para você e cuidar da sua saúde mental e física. Se afaste de grupos e chats que estejam engatilhando algo negativo para você e se preserve. Tudo bem se as pessoas sentirem sua falta, mas a prioridade é cuidar de você, ok? A internet ainda vai estar lá quando você estiver pronta(o) para voltar. <3

CRÔNICA DA SOL:
O SENTIDO DA VIDA

Não sei se você tem depressão, se também está vivendo uma etapa dessas, mas saiba que não está sozinho. No entanto, acho importante te dizer que essa é uma experiência puramente sua, e ela não pode ser comparada à de ninguém. Nenhuma pessoa está passando exatamente pelo que você está. Quero dizer, ainda que alguém esteja preso numa situação similar à sua, não observará o mundo com o seu olhar. Porque você é único. Porque os fatores que influenciam as suas emoções são únicos. Ninguém vive a vida como você, e ser corajoso e forte durante os momentos difíceis é uma decisão que apenas nós mesmos podemos tomar.

Quem me dera eu tivesse escutado palavras como essas vindas de alguém que não eu mesma. Eu costumava dizer essas mesmas coisas a uma pessoa muito querida, que acabou seguindo uma direção diferente da minha, e se distanciou, por ora. E, por esses dias, tenho percebido que essas eram as palavras que eu mesma queria ter escutado de alguém – talvez, dessa mesma pessoa. Por isso resolvi dizer a você.

Hoje eu posso dizer que descobri o sentido da minha vida quando vim morar na Coreia do Sul. Não sei dizer ao certo se amadureci com essa descoberta, mas agora sei discernir o que deve fazer parte da minha vida e o que não deve. Isso foi possível graças ao ambiente em que cresci e às coisas que me rodeiam, bem como à minha experiência de vida – digo isso considerando também o que vivi dentro do campo do entretenimento.

Entendi que minhas escolhas e minhas ações são parte do processo de construção da pessoa que eu sou e da que vou me tornar, e que cada um de nós experimenta a vida de um jeito diferente.

E entendi também, não faz muito tempo, que viver foi e sempre será um desafio.

Esses parecem pensamentos soltos, mas é a minha forma de dizer que desejo muito que você – que todos nós – descubramos o que nos faz sentir vivos e nos motiva a continuar.

CRÔNICA DA SOL:
28 DE MAIO DE 2019

Acordei às 5 da madrugada com a luz do sol entrando pela janela que fica de frente pra minha cama. "O verão está chegando", pensei, pois já estava amanhecendo mais cedo do que no mês anterior. Quando o dia é mais iluminado, uma colega minha disse, as pessoas tendem a ser mais felizes. Me lembrei do que ela falou quando li a notícia sobre uma celebridade que havia tentado suicídio durante a madrugada.

De um lado, as pessoas se perguntavam por que uma celebridade que possuía tanto estava tão desesperada para dar fim à sua vida. Do outro, pessoas afirmavam que a compreendiam plenamente. Para ser sincera, eu era uma das pessoas que indagava o porquê desse ato. Seria uma grande mentira dizer que compreendia essa celebridade sem nem mesmo conviver com ela. Mas me perguntava sobre seus motivos de uma forma diferente da maioria, já que estou na posição de alguém que conhece o meio em que ela vive e consegue enxergar tudo o que faz parte dele de forma mais clara e objetiva.

O curioso foi descobrir que as pessoas mais próximas dessa celebridade pensavam quase da mesma forma que eu. E ainda mais curioso foi me ver indiferente diante desse caso, talvez por já ter perdido um querido companheiro numa situação parecida.

Eu o conheci, o lendário Jonghyun, integrante de um grupo veterano de K-Pop chamado SHINee, enquanto trabalhava como intérprete pessoal de artistas. A última vez que o encontrei foi no backstage de um show dele, para o qual fui especialmente convidada.

Após a perda desse companheiro, e depois de vivenciar mais dois casos bem similares – porém, com finais menos tristes – de dois amigos idols bem próximos, nunca mais vi a questão da saúde mental nesse mundo de celebridades da mesma forma.

Ganhar 100 mil dólares para passar três horas fazendo aquilo que você sonhou desde muito jovem, ser amado por milhões de pessoas sem ter que sacrificar sua vida por cada uma delas. Passar a noite com a pessoa que você mais ama, ser motivo de orgulho pra sua família. Fico pensando em qual seria a resposta para a seguinte pergunta: "O que pode prevenir a depressão?".

Nunca mais pude tratar a questão da saúde mental de forma breve, justamente porque os pequenos e grandes traumas, além de minhas próprias relações, me puseram dentro de um ciclo vicioso de depressão. Coisas simples passaram a ser exageradamente questionadas, e perguntas bobas se tornaram impossíveis de serem respondidas a partir de um determinado momento da minha vida.

O meio do entretenimento, onde eu cresci e ainda costumo colocar os pés, não foi um lugar tão agradável nem pra mim nem pra muitos dos meus entes queridos. Não que isso signifique que seja um meio tóxico para todos –, mas, pelo menos pra mim, certamente foi.

P.S.: Pensei mais de mil vezes sobre qual seria a melhor forma de abordar esse tema, e na hora de me sentar em frente ao computador para escrever este texto, percebi que ainda não superei suficientemente esses ditos traumas a ponto de poder compartilhá-los aqui. Quem sabe outra hora, ou em outro livro?

MENSAGENS POSITIVAS DE IDOLS QUE AMAMOS

Falar de saúde mental também é enaltecer os momentos em que os idols usam sua visibilidade para apoiar causas difíceis, que são motivos de luta para outras pessoas e que podem ajudar os fãs que os acompanham. Vamos dar um UP no papo, relembrando alguns desses momentos icônicos para aquecer o coração:

"Um dia, eu fui para uma audição, e o instrutor de lá me falou isso: 'Você é única e canta muito bem, mas você é gorda e não é bonita'. E, chorando a noite toda, prometi a mim mesma que, se eu não me encaixo nos padrões de beleza dessa geração, que então eu vou ter que criar um padrão diferente."

HWASA (do grupo MAMAMOO)

"O BTS lançou a campanha Love Myself com a UNICEF, baseada na crença de que o amor verdadeiro começa primeiro com o amor próprio. [...] Mesmo depois de tomar a decisão de me juntar ao BTS, havia muitos obstáculos. Alguns podem não acreditar, mas muitas pessoas achavam que nós éramos um caso perdido, e, algumas vezes, eu só quis desistir. Mas acho que tive muita sorte de não abrir mão de tudo. E eu tenho certeza de que eu, que nós, vamos continuar cambaleando e caindo assim. [...] O BTS se tornou aqueles artistas que se apresentam em grandes estádios e vendem milhões de álbuns agora, mas eu ainda sou um cara comum de 24 anos. Se conquistei algo, isso só foi possível porque tenho os outros membros do BTS ao meu lado, e por causa do amor e do apoio do nosso fã-clube ao redor do mundo. [...] E eu posso ter cometido um erro ontem, mas o meu eu de ontem ainda sou eu. Hoje, eu sou o que sou com todos os meus defeitos e erros. Amanhã, eu posso ser um pouco mais sábio, e isso também será eu. Essas falhas e erros são o que eu sou, compondo as estrelas mais brilhantes da constelação da minha vida. Eu aprendi a me amar pelo o que eu sou, pelo o que eu fui, e pelo o que eu espero me tornar. [...] Então, vamos todos dar mais um passo: aprendemos a nos amar. Agora, eu insisto que falem por si mesmos. Eu gostaria de perguntar a todos vocês: quais são seus nomes? O que empolga vocês e o que faz seus corações baterem? Me digam suas histórias, eu quero ouvir suas vozes e ouvir suas convicções. Não importa quem você seja, de onde você venha, sua cor de pele, sua identidade de gênero, apenas fale! Encontre seu nome e sua voz, falando por si próprio!"

KIM NAMJOON (do grupo BTS, durante discurso na ONU em 2018)

"Chore em voz alta uma vez. Olhe para o espelho e deixe pra lá. Eu chorei assim antes e outros terão momentos como esse também. Anime-se, você não está sozinho."

JONGHYUN (do grupo SHINee)

"Há pessoas que não gostam de mim, não importa o que eu faça. Eu costumava ficar muito mal por isso antes, mas comecei a pensar de forma diferente. Não há nada que eu possa fazer a não ser o meu melhor."

HYUNA

"Muitas pessoas não percebem pessoalmente que são felizes quando estão felizes, e normalmente deixam o momento passar. Dependendo do ponto de vista, esse momento agora pode ser o melhor da sua vida."

KAI (do grupo EXO)

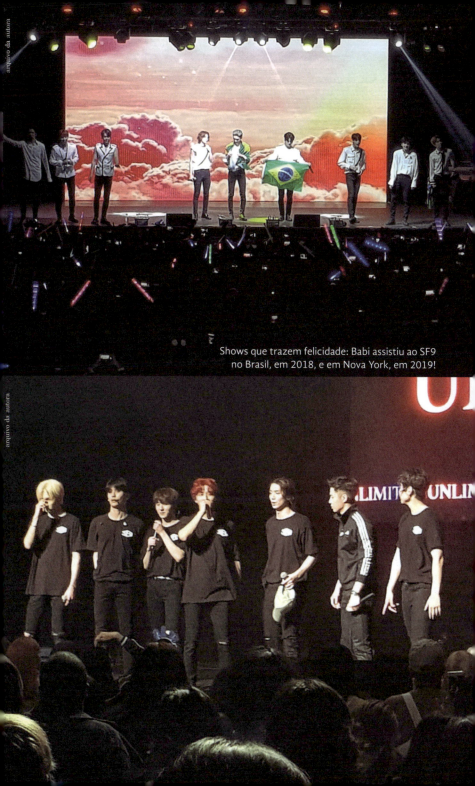

Shows que trazem felicidade: Babi assistiu ao SF9 no Brasil, em 2018, e em Nova York, em 2019!

CRÔNICA DA SOL: A COREIA QUE EU VEJO

 (DIÁRIO DE BORDO)

No mundo on-line existem milhões de blogs e vídeos sobre viagens para a Coreia do Sul, assim como no mundo offline existem vários guias turísticos. São todos preciosos, porque guardam histórias e foram criados com base na perspectiva de quem escreveu e quis repassar um pouco de sua experiência. Da mesma forma que todas essas informações contribuem para quem se interessa pelo país, eu espero compartilhar um pouco com vocês também: esta é a minha Coreia.

No meu penúltimo ano em São Paulo, eu estava na universidade e trabalhava em uma emissora de televisão de segunda à sábado. Minha rotina semanal era muito bem definida e dividida em horários.

Lembro-me que toda segunda-feira, às nove horas da manhã, eu me sentava no meu escritório e lia a seção "Comer e Beber" de uma conhecida revista, em que havia informações sobre os restaurantes da cidade. Eu grifava com marca-texto os bares e restaurantes que me interessavam e colava ali um post-it, no qual escrevia quando pretendia ir àquele lugar.

Quisera eu criar uma revista como essa, falando dos meus restaurantes favoritos de países do exterior, para os brasileiros que pretendem visitar o local. Não posso colocar uma seção "Comer e Beber" neste livro, mas aproveito para listar cinco bares e restaurantes imperdíveis em Seul.

VOCÊ SABIA?

Em 2018, 3 mil restaurantes fecharam as portas por falência, enquanto 5 mil são abertos por dia, somente em Seul. Muitos restaurantes vão à falência por questões de aumento excessivo de impostos — o que incentiva os donos a deixarem o negócio para abrirem outro — e por falta de "buzz" e movimento, já que a moda sul-coreana muda drasticamente em pouco tempo. Vale o lembrete, porque muitos dos restaurantes recomendados podem não existir mais!

INDICAÇÕES DA SOL:

Existem restaurantes, recomendados por um monte de blogs, que costumam ser bem clichês, que todos conhecem e que são de grandes franquias. Os que eu recomendo não são tão famosos, porém são excelentes.

Gosta da culinária italiana? E da culinária italiana à moda sul-coreana? Garanto que esse lugar traz o melhor dos dois países que preparam massas de formas tão diferentes, mas com a mesma paixão:

> ▶ 어반가든 레스토랑, Urban Garden Restaurant
> @어반가든
> Endereço: Seul, Jung-gu, Jeongdong-gil, 12-15
> 서울특별시 중구 정동길 12-15

Neste restaurante, o menu principal do cardápio muda a cada semana, mas é sempre uma combinação dos melhores ingredientes para um prato sul-coreano perfeito! Os pratos são todos baseados na culinária tradicional do país:

> ▶ 오우 연남점, OU
> @오우
> Endereço: Seul, Mapo-gu, World Cup Buk-ro, 6-gil 26
> 서울특별시 마포구 월드컵북로 6길 26

Este café tem um green tea latte (um nome difícil para chá verde oriental com leite) muito especial. E um mugwort latte (esse é mais difícil; é uma mistura diferente que os coreanos fazem que envolve café, leite e calda de chocolate) mais especial ainda! Sou fã:

> ▶ 올모스트홈 카페, Almost Home Cafe
> @올모스트홈카페
> Endereço: Seul, Jongno-gu, Yulgok-ro, 3-gil 87
> 서울특별시 종로구 율곡로 3길 87

BAIRROS QUE ME ENCANTAM:

Os bairros mais recomendados pela maioria dos blogs são aqueles que os sul-coreanos chamam de "vila de estrangeiros", onde todas as placas estão escritas em inglês e os serviços são prestados em diferentes línguas. Os sul-coreanos as chamam de vila de estrangeiros porque todos os hotéis, restaurantes e lojas contratam, como funcionários, estrangeiros ou coreanos que saibam falar inglês ou outra língua influente. Apesar de eu também recomendar esses lugares para pessoas de determinados perfis, acredito que, para os aventureiros, existem opções muito melhores.

■ 신사동, Sinsa-dong

À primeira vista, esse bairro é idêntico à rua Oscar Freire em São Paulo (conhecida por ser um refúgio da classe alta, com lojas caríssimas e opções de restaurantes mais caros ainda), exceto pelas placas em coreano. Mas quem presta atenção ao andar por ali vê que há muitas ruas estreitas, quase escondidas, onde podemos encontrar pequenas (e fofas) lojinhas que parecem definir bem o gosto dos jovens sul-coreanos.

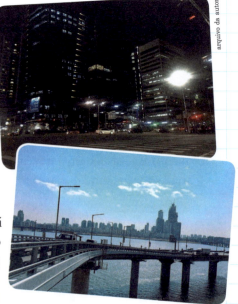

Ao norte do bairro, está um dos parques do Rio Han (한강공원, *Han-gang Gongwon*). E, como todo amante da Coreia do Sul já deve saber, existem muitos e muitos parques à beira do Rio Han. Esse rio representa a cidade de Seul e separa a cidade em norte, sul, leste e oeste. De fato, os sul-coreanos costumam dizer que "tal lugar" fica em "tal lado" do Rio Han. Por exemplo: "Minha casa fica na região sul do Rio Han".

Já que o papo chegou nesse marco da Coreia do Sul, que tal umas dicas dos principais e mais famosos parques do Rio Han?

- ▶ Jamwon Han River Park, 잠원한강공원
- ▶ Jamsil Han River Park, 잠실한강공원
- ▶ Ttukseom Han River Park, 뚝섬한강공원
- ▶ Banpo Han River Park, 반포한강공원
- ▶ Yeouido Han River Park, 여의도한강공원
- ▶ Seonyudo Han River Park, 선유도공원
- ▶ Mangwon Han River Park, 망원한강공원

Os parques do Rio Han são muito bem planejados. Eles costumam ser o ponto ideal para encontros românticos, e também são considerados lugares que se deve visitar uma vez por estação, já que é na primavera, por exemplo, que as flores de cerejeira florescem, tomando os parques; já no verão, o pôr do sol pode ser visto mais nitidamente. Muitas pessoas gostam de andar de bicicleta à beira do rio de acampar com os amigos. Tem gente que vai somente para curtir a vista, sentar na grama e comer frango frito com cerveja (o famoso *chimaek*, 치맥, que você vê quando assiste aos dramas sul-coreanos!). Parece curioso, mas comida pra viagem é MUITO comum por lá, e existem inúmeras lojas de conveniência nas proximidades.

Voltando ao bairro de Sinsa-dong, não se esqueça de parar na Alameda das Árvores (가로수길, *Garosu-gil*), caso passe por perto. Essa alameda é um dos principais points de comprinhas dos jovens fashionistas da Coreia do Sul – e dos que, como eu, têm aspirações fashionistas. Eu também costumo comprar minhas roupas ali!

■ 익선동, Ikseon-dong

O bairro de Ikseon-dong combina as ruas da Coreia dos séculos passados com a modernidade do século XXI. Ele está entre os mais visitados por jovens nos últimos anos, e, recentemente, tem se tornado um hotspot superbacana exatamente por essa combinação do antigo e do novo. Os próprios moradores rejeitam qualquer tipo de remodelação do bairro e preferem morar nessas casas antigas. Eu adoro esse lugar, assim como aprecio os bairros vizinhos que preservam um ambiente similar. E, sem dúvidas, aconselharia a qualquer turista ou imigrante visitá-lo, pois certamente será uma atração diferente de qualquer outra que se possa achar em todo o continente asiático!

Os famosos *hanok* (한옥), um tipo de casa do século passado, são usados como moradia e também como lojas, restaurantes ou cafeterias. É impossível não se surpreender com a grandiosa estrutura da loja do Starbucks no estilo *hanok*. A moda retrô tem decorado as ruas mais modernas. É lindo ver como tudo tem sido tão bem preservado e, ao mesmo tempo, modernizado com as mais recentes tecnologias.

■ 이태원동, Itaewon-dong

Falando de parques, em Itaewon-dong, o centro da cidade de Seul, existem dois "pontos verdes". Um deles é a Namsan e o outro é Yongsan, uma montanha verde que "atrapalha o trânsito da cidade". Mas não é possível subir até o alto delas.

Um dos meus passatempos prediletos, desde a infância, é observar o mapa-múndi. Morando em Seul, tenho reservado um tempo da minha semana somente para ver e rever a cidade de Seul, tanto no papel quanto na tela do celular (apesar de que eu já tenho memorizadas todas as províncias e bairros da cidade, de tanto observá-las).

De tanto prestar atenção à cidade, percebi que essa montanha no centro, da qual todos reclamam que só "atrapalha o trânsito da cidade", separa dois pontos que eu realmente aprecio: a estação de Yongsan (용산역) e a estação de Noksapyeong (녹사평역), localizada no bairro de Itaewon (이태원동). A estação de Yongsan está ligada a um shopping cujo cinema eu frequentava no fim da tarde e onde aproveitava para comprar algumas roupas, nas lojas da Stefanel e da Benetton. Apesar de ser um shopping pequeno, me sinto acolhida pela familiaridade, pois me lembra o Pátio Higienópolis em São Paulo.

Em São Paulo, eu costumava ir ao shopping JK e ao Iguatemi (um ambiente mais elitista, em área nobre) com meus pais. Porém, quando estava com meus colegas, nos identificávamos mais com espaços "menores" e mais cheios, como o Pátio Higienópolis.

A estação de Noksapyeong, no entanto, é o tipo de lugar que nunca vi no Brasil. É uma estação antiga, com estruturas antigas, e tremendamente grande. É um lugar bastante curioso e, por alguma razão, traz muitas saudades. Foi um dos últimos lugares que visitei quando estive em Seul há três anos, junto a uma das melhores pessoas – senão a melhor pessoa – que conheci na minha vida.

Saindo da estação, você vai encontrar ruas entrelaçadas e lotadas de pessoas de várias nacionalidades. Esse é o bairro de Itaewon, que os estrangeiros costumam visitar e se hospedar. Eu adoro, adoro e ADORO esse bairro. Não só por ter sido o local de uma das melhores lembranças da minha vida, mas também por ser um lugar aconchegante, que agrada tanto a mente quanto a alma.

Muitos e muitos guias turísticos apresentam Itaewon como um dos lugares que têm que ser visitados, mas, até agora, dentre todos os guias que tenho lido, nenhum explica *bem* o porquê. Bom, acredito que seja porque é mesmo inexplicável. Se você estiver na cidade de Seul, não deixe de ir até lá! O bairro é maior do que aparenta e existem muitas aventuras escondidas por ali. Eu recomendo, com todo carinho, uma visita à chamada Rua de Finanças (경리단길, *Gyeongridan-gil*), também conhecida como a rua de Itaewon que eu mais adoro.

DICAS DE MVS
(UM HIT PRA CADA MOMENTO)

Já que você chegou até aqui, a gente quer te fazer continuar nesse caminho do K-Pop e, quem sabe, entrar em alguns fandoms enquanto faz isso! Diferentemente do primeiro livro, neste aqui a gente vai te dar algumas dicas de MVs e músicas legais para cada momento do dia. Mas sem regra, ok? Não tem problema nenhum escutar uma balada enquanto faz um exercício ou começar o dia com um Hip-Hop sobre ter o coração partido!

▶ **MVs para assistir assim que acordar (e tornar o seu dia mais feliz e animado!):** "We go Up" (NCT Dream), "RPM" (SF9), "Shoot Out" (MONSTA X), "Perfect Love" (LOONA) e "Me Gustas Tu" (GFRIEND)!

▶ **MVs para relembrar aqueles dramas coreanos que a gente tanto ama (e sofre também, é válido dizer):** "We All Lie" (Ha Jin) – *Sky Castle* OST, "Paradise" (T-Max) – *Boys Over Flowers* OST, "Beautiful" (Crush) – *Goblin* OST, "Stay With Me" (Chanyeol, Punch) – *Goblin* OST, "Cherry Blossom Love Song" (Chen) – *100 Days My Prince* OST. (Talvez a gente seja um pouco fangirl do Chen como cantor de OSTs, né? xD)

▶ **MVs para assistir a caminho do trabalho ou da escola (uma seleção sem nenhuma grande surpresa nas histórias e nos plots pra que você não grite ou ria alto demais**

na frente de todo mundo!): "Dance The Night Away" (TWICE), "View" (SHINee), "Starry Night" (MAMAMOO), "Birthday" (Somi), "Hola Hola" (KARD), "YA YA YA" (MXM) e "Touch" (NCT 127), porque é uma fofura!

▶ **MVs para fazer festa (e, quem sabe, imitar a coreografia com os amigos enquanto esperam a pizza!):** "Hands Up" (2PM), "Gashina" (Sunmi), "BOOMBOOM" (Seventeen), "Shine" (Pentagon), "Bbom Bbom" (Momoland), "Red Flavor" (Red Velvet), "Up & Down" (EXID), "Sugar Free" (T-ara) e o clássico "Ma Boy" (Sistar 19)!

▶ **MVs para assistir na fila da lotérica ou na fila do banco (é pra se distrair MESMO!):** "All Night" (ASTRO), "Clap" (Seventeen), "Mic Drop" (BTS), "How's This?" (Hyuna), "Plz Dont Be Sad" (Highlight) e o hino feminista "I Don't Need a Man" (Miss A)!

▶ **MVs para mandar pro crush (e, quem sabe, fazer a pessoa entender o nosso interesse!):** "Touch My Body" (Sistar), "Gotta Go" (Chung Ha), "UN Village" (Baekhyun), "She Is" (Jonghyun), "Move" (Taemin), "Very Nice" (Seventeen). Sentiu a pegada sexy, né?

▶ **MVs para assistir antes de dormir (músicas mais calminhas e cenas bonitas pra deixar o coração quentinho e tranquilo):** "So Beautiful" (SF9), "Universe" (EXO), "Nap of a Star" (TXT), "I Need Somebody" (DAY6) e "Miracle" (GOT7)!

▶ **MVs para mostrar pros amigos que não conhecem K-Pop (só clássicos!):** "Egotistic" (MAMAMOO), "Love Shot" (EXO), "TT" (TWICE), "Love Scenario" (iKON), "Latata" ((G)I-dle), "Now or Never" (SF9), "Regular" (NCT 127) e "Not Today" (BTS)!

▶ **MVs para aqueles dias em que a gente precisa colocar os sentimentos pra fora e chorar um bocadinho (tá ok se sentir mal por um tempinho, gente!):** "That's Okay" (Kyung-soo), "Because I'm a Girl" (Kiss), "This is War" (MBLAQ), "Goodbye" (2NE1), "Lonely" (Sistar), "Cry Again" (Davichi), "Cleansing Cream" (Brown Eyed Girls), "I'm Fine Thank You" (Ladies' Code), "Error" (VIXX), "Sadness" (LEDApple), "Insane" (BTOB).

▶ **MVs pra relembrar (MEMÓRIAS DO K-POP!):** "Because of You" (After School), "Perfect Man" (Shinhwa), "Electric Shock" (f(x)), "Lies" (Big Bang), "I Got a Boy" (Girls Generation), "Step" (Kara), "Lucifer" (SHINee), "Be Mine" (Infinite), "Something" (Girl's Day), "Heaven" (Ailee), "Catallena" (Orange Caramel), "Good Day" (IU), "Supa Luv" (Teen Top), "Face" (NU'EST), "Dr. Feel Good" (Rania), "Dreamer" (History), "Breath" (BEAST).

▶ **Grupos que talvez você ainda não conheça e que merecem muito seu amor (essa lista pode ser gigantesca, e contamos com vocês pra nos mandarem mais opções pelas redes sociais!):** Imfact, 100%, Bigflo, DIA, Hotshot, Snuper, KNK, UP10TION, VAV, Boys Republic, ONF, Everglow, NewKidd, Pink Fantasy, Bigstar, H.U.B., GWSN e muitos outros!

AGRADECIMENTOS

ÉRI: À minha mãe, dona Dora, maior fã de K-Pop (e do meu trabalho) que você respeita e meu maior exemplo de força. Ao meu namorado e artista favorito, Sérgio R. M. Duarte, por segurar comigo as crises de choro e de ansiedade que permearam a escrita deste livro e não deixar a síndrome de impostor tomar conta do meu amor pelo projeto. Aos meus pais espirituais, Denisson e Kelly de Angiles, por me guiarem por um caminho melhor na vida e me ensinarem tanto. E à Babi e à Solzinha, por estarem comigo nessa e me lembrarem de que existe gente por quem vale a pena lutar e ser amiga.

SOL: Dedico minhas palavras neste livro a cada pessoa da minha família, que sempre foi, e ainda é, meu lar e minha fonte de paz. Especialmente aos meus pais, Mario Paik e Liza Kim, que me ensinaram a amar incondicionalmente aquilo que se é difícil amar, assim como a minha própria peculiaridade. Agradeço aos meus pouquíssimos amigos e companheiros – os quais, apesar de eu não citar seus nomes, tenho convicção de que sabem que me refiro a eles –, pelo significado que eles dão à minha vida. Por último, mas não menos importante: agradeço com todo carinho ao meu queridíssimo companheiro Namú, um gato anão (da raça munchkin), presente do meu *soulmate*, por estar colorindo a minha vida solitária na Ásia.

BABI: À equipe do Consulado Geral da República da Coreia em São Paulo e ao Centro Cultural Coreano no Brasil, por todo o apoio, socorro e espaço para a realização de pesquisas! Inclusive, Jack e Camila, obrigada por tudo! À minha dupla criativa de amigas lindas que eu amo tanto, Miki e

Sayuri, por estarem do meu lado e me ajudarem durante as madrugadas de pesquisas e leituras. Agradeço de coração à Gui Liaga, por confiar no meu potencial e nunca desistir de mim. Eu amo você. À minha mãe, que é a minha maior fã, e à minha irmã – mas só porque ela recebeu minhas roupas da loja do Baekhyun e está trazendo do Canadá pra mim, haha! Ao meu irmão, e eu espero que um dia possa se apaixonar pela leitura como eu! À Érica e à Solzinha, que me ensinam sempre a ser melhor e compartilham comigo essa responsabilidade de falar sobre a cultura coreana no Brasil! Amo vocês! Também ao EXO, por sua discografia, que me ajudou a suportar as madrugadas escrevendo, sem dormir. E à nossa editora, Carol Christo, que, mais uma vez, confiou na gente para publicar mais este livro em meio a uma crise editorial, haha!

Mas, acima de tudo, a vocês, leitores e apoiadores do nosso trabalho; meu muito obrigada. Sem vocês, nada disso seria possível. Continuem estudando!

Este livro foi composto com tipografia Electra Std e impresso
em papel OffSet 90 g/m² na gráfica Formato.